吴·地·文·化·丛·书

竹刻笔筒鉴赏

杨君康 著

苏州大学出版社

图书在版编目（CIP）数据

竹刻笔筒鉴赏 / 杨君康著. -- 苏州：苏州大学出版社，2019.7
（吴地文化丛书 / 沈庆年主编）
ISBN 978-7-5672-2875-7

Ⅰ. ①竹… Ⅱ. ①杨… Ⅲ. ①竹刻—文化用品—鉴赏—中国 Ⅳ. ①K875.4

中国版本图书馆CIP数据核字（2019）第138872号

吴地文化丛书——《竹刻笔筒鉴赏》编委会
编委会主任：沈庆年
编委会副主任：杨君康

责任编辑：倪浩文
编　　务：温菲菲
策　　划：海通传媒　星辰空间
装帧设计：温菲菲　李　风
印　　务：郁梦玮　季炜康

ZHÚKÈ BǏTǑNG JIÀNSHĂNG
竹刻笔筒鉴赏
丛书主编　沈庆年
杨君康　著

苏州大学出版社出版发行
（地址：苏州市十梓街1号　邮编：215006）
苏州市越洋印刷有限公司
（地址：苏州市吴中区南官渡路20号　邮编：215004）

开本：718 mm×1000 mm 1/16　印张：12.5　字数：191千
2019年7月第1版　2019年7月第1次印刷
ISBN 978-7-5672-2875-7　定价：85.00元

苏州大学版图书若有印装错误，本社负责调换
苏州大学出版社营销部电话：0512-65225020
苏州大学出版社网址 http://www.sudapress.com
苏州大学出版社邮箱：sdcbs@suda.edu.cn

感谢北京金立言先生的慷慨赞助

序

沈庆年

君康2012年—2014年期间撰写了《竹刻扇骨鉴赏》一书，请我写序，作为好友，情意难却，欣然从命。书出版了，反响甚好，他自己感到意犹未尽，于2015年—2017年又撰写了《竹刻笔筒鉴赏》，内容较之前一本更翔实，篇幅增加不少，文笔也有极大的进步，嘱我再写序，我应了。并借序写几句，说说我对君康的执着的感知以及对他做学问之艰辛，成果之不易的敬佩。

君康是我的初中同学，相交相识已五十余载。人生经历坎坷，对艺术锲而不舍是他最好的写照。

现在流行早教"兴趣班"，那时没有。但他刚入初中就写有一手好字。1962年为家庭生计，他只能辍学，到喷漆社当徒工专做店面招牌，便成天与字为伴。1963年"上山下乡运动"兴起，一腔真情的他为了自己的前程有一片"广阔天地"，争着到了东辛农场。意想不到的闭塞、愚昧、单调和简陋曾使他一度迷惘，但即使在难以忍受的劳累之余，他还紧握笔杆，继学书法之后学素描，为日后的油画乃至牙雕微刻奠定了坚实的基础。阅读，他更是"一日三餐"来者不拒，于是他成了被改造的"封""资""修"典型，哪里有脏活累活，领导就会叫他去"接受再教育"。他在烈日下采石扛石，在寒风中拓河开渠……只要是苦他都吃过。毛主席说过，文艺工作者应该到工农兵中去生活，而他为了艺术，走到了工农兵的底层。或许巴尔扎克说得对，"所有的最好的灵感，往往都来自最为忧愁最为悲惨的时刻"。

如此的磨难，君康的艺术之心没碎。当政治运动的喧嚣远去，阶级斗争不再主宰一切，社会回归理性，他马上脱颖而出——除在竹刻领域探索，还有近百篇文章发表于各报纸杂志；各大报纸介绍他艺术成就的报道也不下几十篇。据说近期农场"修志"，设场史展览，其中知青部分，就以他的"自学成才"为代表，而占一席之地。

工农兵学员上大学那年代，农场也曾在知青中选拔去上学的人，不过毕业后这些人多默默无闻，没什么特别的成绩。唯有被埋没的他，业余"术有所攻"，"孜孜不倦"，如今反倒成了竹刻领域的专家，出版的两本专著，连同一件竹刻作品，静静陈列在场史展览馆中，述说着新的"有心栽花花不发，无心插柳柳成行"的故事。

在我看来，一个正常的人，一个对人生、对社会负责的人，往往都想活出价值来，以不枉来人间一趟。远不是网上泛滥的享乐主义、活命哲学等腐朽"三观"，特别是在浮躁和沽名钓誉盛行的当今，对艺术和人生刻骨铭心的探索和追求尤为珍贵。君康就是其中之一，生活愈艰，笔耕愈勤。我再次写序，只是让后人知道，我们这一代就有这样的人，就有这样的作品。因而我认为《竹刻笔筒鉴赏》告诉我们的不光是"袖中雅趣""案头清供"，值得不断深究，即使你不想成为新竹人，但对君康那样的治学习艺精神也应该关注。我认为，做人和做学问就是要如此坚持和执着。这种"咬定青山"、锲而不舍的精神在当今扛着文化大旗到处招摇撞骗，空头艺术家盛行的时代尤为珍贵。

作为一本专业书籍的"序"，我说的这些，似乎与竹刻无关，更没有一句业内探讨和专业点评，很有缺憾；但对君康坎坷人生简单而真情的叙述，却是我的真意所在。我希望即使意趣在竹刻之外的读者，亦应驻足品鉴一下竹艺之外的那一尊品格雕像。这是我大力支持、帮助君康再次出书的隐意。

2018年6月18日端午夜于望野阁

嘉定、金陵派竹刻渊源在苏州(代前言)

中国是世界上最早利用竹子的国家。三千多年前就用竹子做成箭杆,在军事领域发挥作用;两千多年前,又用竹简来记事,书写历史;西汉曾有人在竹勺上雕龙纹;晋代王献之将斑竹制成笔筒,置放案头;六朝时有人做成竹根如意,由齐高帝赏赐给高僧;至唐代,有人用留青法雕图案与人物于尺八(一种乐器,传至日本)之上;宋郭若虚《图画见闻志》记:王倚家藏竹笔管,"刻《从军行》一铺,人马毛发,亭台远水,无不精绝。每一事刻《从军行》诗两句。……其画迹若粉描,向明方可辨之"。宋代詹成制鸟笼,四面皆花版,于竹片上刻出宫室、人物、山水、花鸟等;直到明代,竹刻才从实用品的装饰转化为一门独立的雕刻艺术。

明代成化、弘治、正德、嘉靖、隆庆、万历年间,有的皇帝只知在深宫后院摆弄自己的爱好,不把江山社稷放心上;有的皇帝沉湎

李文甫刻《松下觅句图》竹笔筒

女色，一天选九妃，几十年不出宫门，成年累月不上朝，不接见大臣……皇帝昏庸，少了对百姓的钳制。百姓思想自由，个性较解放，加上经济发达，哲学、戏曲、小说、绘画、书法、篆刻空前繁荣。苏州文人追求清雅、简约的审美情趣，以有别于贵族官宦的奢靡之风。

当时苏州是经济发达城市，影响力辐射到周边城镇，甚至京城。中下层百姓也仿效文人的审美情趣，以简约为美。

苏州文人热衷精致的清玩促进了工艺品发展，涌现了像江福生、王毅、陆子冈、张寅等雕刻高手。在这样氛围中，竹刻艺术应运而生。

竹刻艺术分嘉定、金陵两派。

其实嘉定、金陵两派渊源都在苏州。

从地域来说，嘉定历来属苏州。公元前233年，秦灭楚后设会稽郡，郡治就在苏州，辖疁县等诸县。疁县就包括现今的嘉定。疁县还有疁城乡，所以后人行文作诗都称嘉定为疁城。南宋始设嘉定县，亦由平江府（苏州）管辖。直到1958年，为保障大上海的农副产品供应，嘉定与其他一些县才划归上海。

从作品内容看，嘉定竹刻中的一丘一壑、一颦一笑无不透出吴门画派的风貌神韵。如朱小松的《刘阮入天台》香筒、沈大生的《庭院读书图》笔筒，就像立体的唐寅仕女图；吴鲁珍笔筒上的《浴马图》宛如仇英的民俗风情画……

上海博物馆研究员施远在《竹镂文心》序论中说："朱缨（小松）更多地从绘画中汲取营养，作品多雕饰人物故事，造型受吴门画派唐（寅）仇（英）一系的影响，略具院体的气息。"小松如此，他的学生也紧随其后，在广为传播的吴门画派作品中借鉴、仿效、吸纳有用成分。

嘉定竹刻重要参与者、书画家李流芳与苏州才子钱谦益、归昌世友谊深厚、交流频繁，吴门画派强势辐射，深刻影响到他的画风和竹刻。《读者》杂志2017年第24期，卷首语刊登了他的《溪山萧寺图》，构图、皴法明显看出文徵明、唐寅的韵味。有心人不妨找来比较一下。稍后的程庭鹭很长时间生活在苏州，吴门画派的熏陶也使他的竹刻带有苏州风貌。

文人刻竹的作品特色，为众多竹人所仰慕。他们又影响了一大批人。因此，嘉定竹刻由吴门画派滋养发展起来。

从刀法看，嘉定竹刻显现出精巧、细腻、洗练的苏作雕刻特征。如朱松邻的松鹤笔筒，松枝虬曲，主干上鳞皴瘿节及松针竹叶的表现显然有别于北方那种粗犷简率雕刻。之后朱氏儿子、孙子和学生都沿袭这种风格。特别是吴鲁珍刀功到了登峰造极的地步。这些都可以视为苏作雕刻的辐射。

朱氏父子刻竹很快流传到苏州，一些文人和艺人纷纷仿效。文人把刻竹看作休闲，艺人以刻竹谋生。竹刻笔筒、臂搁和扇骨受到追捧。

清初《虎丘志》称，竹刻"从嘉定转徙于山塘，凡笔筒、棋盘、界方、墨床之类，为文房雅玩，多以铁笔雕刻书画"。有首诗反映了当时盛况：笔筒界尺制精幽，竹玩而今满虎丘。削简遗风未知替，几人鸟迹细雕镂。

由于金元钰偏执，《竹人录》非嘉定籍不录。苏州缺少像金元钰这样的有心人，所以明清时期除嘉定之外的苏州竹人大都被埋没。假使《竹人录》将苏州竹人也收录，那么该叫"苏州竹刻"或"吴门竹刻"了，因为这些竹人在风格、刀法上是一脉相承的，尽管各人有各人面貌。

金陵派领军人物濮仲谦、李文甫都是苏州人。刘鉴《五石瓠》曰："苏州濮仲谦"，后张岱《陶庵梦忆》才称"南京濮仲谦"。《太平府志》称濮为道光年间安徽当涂人，这年份就不对了。笔者认为濮是苏州人，生于明晚期。清顺治年间，有资料载他与钱牧斋有交往，钱曾题诗赠他，他还为钱侧室柳如是制物件，后移居南京。《太平府志》所说濮仲谦或另有其人。

李文甫，《中国美术家人名大辞典》有三位，一是苏州人，二位南京人，都善雕刻。文震亨《长物志》称："吴中如……李文甫……"笔者认为他是苏州人，移居南京跟文彭有关。文彭"工刻印……所作多牙章，往往自落墨而命李文甫镌之。彭以印属之，辄能不失笔意，故其牙章半出李手"。两人合作甚融洽，当文彭赴南京任国子监博士，抑或曾邀李文甫同往宁。

《广印人传》中的南京李文甫，名石英，称"文彭所作牙章，往往出自李手"。

《竹个丛钞》《古董琐记》《秋园杂佩》中的南京李文甫，名跃，称"能刻牙章，尝为文三桥彭捉刀"。很明显这两个李文甫其实是一个人。

以前文人做笔记，记录所见所闻，大都仅述表象，不做本质考察，决不会去采访其人，询问原籍何处，所以以讹传讹的事较多。笔者觉得南京李文甫就是文震亨《长物志》所说的"李文甫"。文震亨记述祖父辈的事应该不会有错。

后来文彭与李文甫不再合作，是文彭在南京得到青田灯光冻石，"不复治牙"。

据周亮工称：文彭一天赴国子监上班路过西虹桥，见一老者正与商铺老板争吵。文彭下轿询问缘由。原来老者携石材交货，却拿不到原定的价钱而与老板有口角。文彭见石材温润莹白，软硬适中，突然灵光乍现，这岂不是篆刻的上佳之材？他毅然买下老者的石材，一分不少，使老者满意而去。回家他命人剖石，试着运刀镌刻，居然刀畅心爽。元代王冕用花乳石刻印，应者寥寥。到文彭用青田灯光冻石篆刻，立即引起众多印人响应，篆刻就此蓬勃兴盛，形成了皖、浙等流派，文彭被奉为各派篆刻之祖。李文甫遂不再为文彭治牙章。

明代晚期，折扇在文人中风行（20世纪90年代许穰女士捐赠的及近年拍卖涌现的文徵明、唐寅、仇英所书绘的折扇都说明了这点），孔尚任的《桃花扇》一剧重要道具就是折扇。李文甫留在南京以刻竹扇骨为业。诸多笔记就称他为南京人。

"善雕篦边"的李文甫与"稍加凿磨"的濮仲谦创立了竹刻金陵派。

濮仲谦、李文甫从苏州出来，自小受吴地温山软水的浸淫、吴门画派的熏陶及苏作雕刻的影响，因此他们的竹刻作品精致、典雅、超逸，强烈地带有苏州印记。

综上所述，嘉定、金陵两派竹刻渊源都在苏州，这一论断应该不会有人反对吧？

（图片由"集宝"授权使用）

目 录

立下创发之功的朱松邻 …………………………………………… 001
出蓝胜蓝的朱小松 ………………………………………………… 005
更上层楼的朱三松 ………………………………………………… 008
三松传人沈大生 …………………………………………………… 012
金陵派创始人濮仲谦 ……………………………………………… 015
周乃始的《蕉荫读书图》笔筒 …………………………………… 019
陈立的《松荫对弈图》笔筒 ……………………………………… 022
承前启后的吴之璠 ………………………………………………… 025
别开生面的周芷岩 ………………………………………………… 029
别有深意的沈全林 ………………………………………………… 034
精益求精的顾珏 …………………………………………………… 037
金陵派竹刻又一人——潘西凤 …………………………………… 040
不循常例的封锡爵 ………………………………………………… 044
迎难而上的王梅邻 ………………………………………………… 047
为美人写照的庄绶纶 ……………………………………………… 051
独辟蹊径的张希黄 ………………………………………………… 054
师承鲁珍的朱文右 ………………………………………………… 058
又一位迎难而上的竹人——马国珍 ……………………………… 062
与嘉定竹人比肩的邓云樵 ………………………………………… 065
刘起的《山水人物图》笔筒 ……………………………………… 069
留青刻的另一高手——尚勋 ……………………………………… 071
文人刻竹的典范——钱大昕 ……………………………………… 074
擅刻书法的周锷 …………………………………………………… 077
方絜的《拜竹图》笔筒 …………………………………………… 080
文人刻竹又一人——宋简 ………………………………………… 086
文人刻竹再一人——黄任 ………………………………………… 088

奚冈、韩潮合作的《岁朝清供图》笔筒 …………………091
文人刻竹大师——陈师曾 …………………096
金西厓刻《梅窗图》笔筒 …………………099
张契之刻《云龙图》笔筒 …………………103
周汉生的《荷塘牧牛图》笔筒 …………………107
范遥青的《螃蟹》笔筒 …………………111
江寒汀画、徐素白刻《月季草虫图》笔筒 …………………116
精研竹刻的万一鹏 …………………123
潘行庸浅浮雕《松鹤图》笔筒 …………………126
白士风的红木镶嵌竹刻笔筒 …………………129
海派竹刻的代表——王威 …………………134
乔锦洪的《竹》笔筒 …………………138
张泰中刻《翠堤放牧图》笔筒 …………………142
倪小舟的《西园雅集》笔筒 …………………146
技法全面的徐庆全 …………………151
徐敏的《梅兰竹菊》笔筒 …………………155
洪建华的《农家乐》笔筒 …………………159
无款《仕女图》笔筒 …………………164
无款《梅花》笔筒 …………………166
无款《李清照庭院填词图》笔筒 …………………169
无款《松下高士图》笔筒 …………………172
无款透雕《钟馗击磬》笔筒 …………………175
清溪山人的《赤壁夜游图》笔筒 …………………177
杨君康的《双杰会》笔筒 …………………181

参考书目及图片出处 …………………185
后记 …………………186

竹刻笔筒鉴赏
立下创发之功的朱松邻

立下创发之功的朱松邻

这是一段多年老竹子，被雕刻成百年以上的松树桩，四周附着若干虬曲松枝，松针用装饰手法刻出，一丛又一丛；还有几枝竹，竹叶左右并发，层层叠叠，呈现旺盛生机；右下方一对仙鹤，左面一只低头左脚前跨，另一只俯首作呼应状，似在耳语，生动自然。鳞状树皮，不规则的瘿节，表现得细致逼真，平添几分趣味；背面上方用阴刻法刻题识："余至武陵，客于丁氏三清轩，识竹溪兄，笃于气谊之君子也。岁之十月，为尊甫熙伯先生八秩寿，作此奉祝，辛未七月朔日，松邻朱鹤。"用松龄鹤寿来作贺礼再贴切不过。

细察这笔筒（如图）有如下特点：

一是深浅结合。笔筒用深浮雕雕出松枝、竹枝和松针竹叶。为体现松枝虬曲和竹枝挺拔，两者脱离背景而立，这实属不易，因稍有不慎就会刻断。用松枝交叉重叠、松

朱松邻刻《松鹤图》竹笔筒

竹刻笔筒鉴赏

立下创发之功的朱松邻

针竹叶的高低来分出层次（以后竹刻中的层叠掩映法此处已见端倪）。在背面上方特意安排松皮卷脱处用浅刻刻题识。这样深浅浮雕与浅刻结合，显示了刀法的多样。

二是疏密结合。从布局看，右下角松枝、松针，加上两只仙鹤，显得十分密；左上角仅瘿节及鳞状松皮，显得疏。疏密得当，足见匠心独具。

三是动静结合。仙鹤的动态与松枝、竹子的静态互相映照，画面生动有趣，避免了呆滞。

朱松邻的作品，《竹人录》作者金元钰评价道："制度浑朴"；金西厓评为"质拙乃其特色"；竹刻艺术权威王世襄则指出其不足：松树巨干与小株、松针比例失调，仙鹤古拙有余矫健不足等。

笔者认为对前人首创的作品不必过于苛求。艺术创作中，写实写意都可以，两者结合也行，根据想象突出一部分，减弱一部分，变形、夸张都是允许的，只要不太离奇，视觉效果不突兀就行。至于仙鹤，因为竹材质较粗，无法刻成矫健状。

金西厓曰：嘉定竹刻，松邻有创发之功。

朱松邻创发竹刻艺术，这是历史的必然。明代中叶，以苏州为首的江南经济发达，社会风气日趋奢靡，文人为有别于富豪、官宦的骄奢淫逸，追求清雅、高洁的修为，他们以梅兰竹菊作为感情寄托，或咏或绘，或唱或和，其中朱松邻就是文人的突出代表。

南宋嘉定十年（1217）朝廷在疁城设县，以纪年为名，称嘉定，县衙置练祁镇（今嘉定镇）。练祁成为政治、经济、文化中心，逐渐繁荣起来，到明代已颇具规模，街道店铺林立，有粮店、酒肆、酱坊、成衣铺、茶馆、当铺等。朱松邻住清镜塘，经常乘船去练祁拜访相知的书画家。停船码头有一竹行，摆满竹制品，如竹篙、筐、篮、匾、筅帚直至马桶刷。朱松邻本是爱竹之人，每次上岸见到这么多竹制品，总要感叹一番："吾辈读书人光知岁寒节，君子心，以竹自比，岂知竹有这么多用处，与百姓生活息息相关。只是……"他总

竹刻笔筒鉴赏
立下创发之功的朱松邻

要沉吟一番,盘算如何让竹尽其材,不负竹之清名。

一天松邻又来练祁,上岸见到竹行角落置放一堆截断的泛黄竹筒,表面光洁素净,不觉灵机一动:何不将它制成案头笔筒,施刀雕刻?他立即挑选几个品相上佳的竹筒购下,回去打磨,构思绘图,在上面雕刻起来。过后,他将笔筒拿回竹行,竹行老板见了欣喜万分,再三恳求代售。很快笔筒被人购去。其他竹行见状,找到朱松邻也要求代销笔筒。朱松邻又刻制香筒、水盂等,也受到人们追捧。他本来曾用象牙、犀角刻制成妇女头上插的簪钗,此刻他试着用竹材来做。因式样新颖、雕刻精细,不管是千金小姐还是贫家女子都喜欢。他们购买竹刻簪钗直呼"买朱松邻"。王鸣盛《练川杂咏》中有"玉人云鬓堆鸦处,斜插朱松邻一枝"句,可见景况之盛。他还用竹刻制挂在脖子上的婴(一种饰物)。清初何匡山得到"竹婴"后就命书斋为"竹婴草堂"。宋荔裳曾赋诗《竹婴草堂歌》赠何匡山:"练川朱生称绝能,昆刀善刻琅玕青。仙翁对弈辨毫发,美人徙倚何娉婷?石壁巉岩入烟雾,涧水松风似可听。"从诗句描绘来看,朱松邻在竹上刻山水人物无所不能,而且精细、精致、精美。

何匡山与宋荔裳所处年代距朱松邻不远,朱的作品能常见到,诗中所说是靠谱的。

朱松邻名鹤,字子鸣,号松邻,以号行,生卒年月不详,活动在明隆庆、万历年间。朱祖上本是安徽新安人,宋康王南渡时移居华亭(松江),后迁居嘉定。

朱松邻工诗善画,通古篆,熟谙治印,精雕镂,为人孤介绝俗,结交的都是当时品格高洁的书画家,尤与陆深友谊深厚,曾应邀在陆深家住过一段时间。

陆深(1477—1544),明代书法家,翰林院编修,国子监祭酒。浦东陆家嘴因其住宅和祖坟所在而得名。陆深曾先后两次担任帝师,第一次给嘉靖皇帝授课,第二次在他晚年负责宫廷教育课程。陆深以他的江南文人书法深厚造诣影响了宫廷书法。明嘉靖及以后几位皇帝的书法都堪立足于书坛,不能不说是

竹刻笔筒鉴赏
立下创发之功的朱松邻

陆深的引领。

竹刻艺术自创始至今四百多年，绵延不绝，其间流派纷呈，高手迭出，佳作不断。朱松邻的创发功不可没，目前存世的竹刻作品有藏于北京故宫博物院的《海棠花》笔筒，本文介绍的笔筒藏于南京博物院，还有一件金西厓曾见过的山水臂搁，今不知何人收藏。

（图片由南京博物院授权使用）

竹刻笔筒鉴赏
出蓝胜蓝的朱小松

出蓝胜蓝的朱小松

与父亲朱松邻的作品相比，朱小松作品明显胜出许多，著名竹刻艺术大师金西厓有"出蓝"之誉。

他的代表作《归去来辞》笔筒书卷浓郁，人物场景从陶渊明的不朽名篇《归去来辞》脱胎而来。朱小松把抽象的内心感受、感情抒发化为具体人物形象。清文学家毛祥麟曾评价道："深得巧思，务求精诣，故其技益臻妙绝。"

作品中人物形象鲜明，陶渊明头戴方巾，身穿宽袍，手抚松干，举目远眺，面带微笑，一派闲适神情。朱小松将他归隐后的喜悦含蓄地表现出来了，童仆背负酒、菊，受主人感染，也面露笑容，用以烘托主人的心情。

朱小松深谙画理，他将松干松针作装饰处理，使之简约，又匠心独运，安排燕子一对翱翔在松树之

《归去来辞》笔筒

竹刻笔筒鉴赏
出蓝胜蓝的朱小松

上,比喻陶公从此自由,不再受羁绊。

王世襄称该作品"刀法简洁,而形态必具"。虽是深浮雕,但运刀流畅,深深浅浅,掩映层叠,尽在掌控之中,因此层次分明,景深适宜,立体感强,具有摄人眼球的效果。进一步观察,就能发现头巾飘带及宽袍大袖的飘逸流畅,全靠刀功的犀利娴熟。松枝虬曲,松针和菊花由于运刀富于节奏感且细致而显得十分清晰。

作品题款刻在湖石上:"万历乙亥中秋,小松朱缨制。"万历乙亥是1575年,距今已440多年。

朱小松名缨,字清甫,以号行。生卒年月不详,活动在万历年间。他尚在孩童时期就常常侍立父亲身边,看父亲刻竹。长期耳濡目染使他对竹刻充满了好奇和兴趣。当他成长为翩翩少年,也欲刻竹时,父亲阻止他不要急于动手。告诫他应首先提高文化艺术修养,在书法绘画上下功夫,有了积累,竹刻就有内涵,就能传之永久。小松遵父命,除熟读经史子集,还临池挥毫,学习前人优秀书画。金西厓称他"擅小篆及行草,于绘事造诣更深。长卷小幅,各有意趣"。

到朱小松及冠之年,朱松邻鼓励他超越自己。他就以此为目标,遍访名家,拓宽眼界,汲取营养。他常去拜访李流芳、程嘉燧,多多受益。特别是李流芳也擅刻竹,小松与之有说不完的话题。

李流芳(1575—1629),字长蘅、茂宰,号檀园、泡庵、慎居士等,祖籍安徽歙县,定居南翔,善诗文,精书画,工篆刻。作画"古拙率真",文品为士林翘楚。董其昌赞曰"其人千古,其技千古"。

程嘉燧(1565—1643),字孟阳,号松圆、偈庵,祖籍安徽休宁,南迁先居杭州,后至嘉定,晚年居常熟虞山。喜画山水,学倪云林、黄公望,笔墨细净而枯淡,兼工写生,诗风流典雅,书法清劲拔俗,为晚明一大家。钱谦益谓之曰:"松圆诗老。"

晚明宦官专权,政治黑暗。一些文人恃才蔑世,不与官方合作,以标榜自

竹刻笔筒鉴赏
出蓝胜蓝的朱小松

己清雅高洁,朱小松是其中典型代表。他的竹刻名声在外,一次一县官欲求他的作品,被他一口回绝,县官也奈何他不得。有一徽王,以重金请他去刻竹,他不去,弄得徽王很没面子。

朱小松为人散淡,高洁耿介,貌古神清,颇有仙风道骨。中年后嗜酒,常常醉倒在酒店中,求他刻竹的人往往要到他酒醒后。

他的竹刻作品为世人珍藏。清《竹人录》作者金元钰称"山川云树,纡曲盘折,尽属化工,刻竹木为古仙佛像,鉴者比于吴道子所绘"。清初有人咏道:"藤树舞鳞鬣,仙鬼凸目睛。故作貌丑劣,蛤蟆腹彭亨。以此试奇诡,精神若怒生。琐细一切物,其势皆飞鸣。"

朱小松还有竹山雕刻,"古松虬枝老干,旁有湖石嶙峋,石凳用叠糕皴,刀法简古有味,一老者坐石凳,右手执卷,左手执羽扇,似在沉吟"。还曾仿吴道子的罗汉图刻在一串佛珠上。刀痕细如蚊睫,各种神态都有,生动传神。

1966年上海宝山明代墓葬中曾出土《刘阮入天台》香筒,为朱小松所刻。东汉时刘晨、阮肇入天台山遇到神仙,在山中逗留一段时间后返回,发现物是人非,所谓"山中方七日,世上已千年"。朱小松运用他丰富的想象和高超的刀法将这一故事刻在香筒上,开创了以后竹刻神话题材的先河。

《归去来兮》笔筒原为王世襄收藏,2003年秋定向拍出110万高价,归上海博物馆收藏。

《刘阮入天台》香筒(拓片)

朱小松作品一般用行楷或篆书落"小松"款,因名声大,年代久远,作品稀少,有人在其他竹人的作品上作伪款,冒充小松作品,这是我们今天要注意的。

如果说朱松邻于竹刻有创发之功,那么小松有拓展题材之范。

(图片由上海博物馆授权使用)

竹刻笔筒鉴赏
更上层楼的朱三松

更上层楼的朱三松

朱三松比父亲小松视野更开阔，思维更活跃，他将目光投向同代的画家作品。陈老莲之西厢插图《窥柬》被他移到竹筒上，进行了再创作。正如王世襄点评："老莲之图，屏风四叠，分绘四景，作为背衬，转觉不及通景完整。且屏左已邻幅缘，更无余地可容铺陈，一经点缀，顿觉曲室深房，增其幽邃。""三松善于撷取他人画本，而又益以新意，人我交融，真同水乳，精巧娴练，不愧名家也。"

笔筒用高浮雕塑造莺莺小姐立于屏风前，正展读张生来柬，表情较为复杂：处于怀春期的少女既渴求爱情，又囿于相国千金的身份必须矜持，端着架子。屏风后的红娘

《窥柬》笔筒

竹刻笔筒鉴赏
更上层楼的朱三松

注视着莺莺,似乎看透了主人的内心矛盾,正暗自好笑,又怕笑出声,就以指掩唇,一副俏皮可爱的模样跃然画面之上。

除高浮雕刻人物、陈设,朱三松还用浅浮雕刻衣带图案和佩络、屏风,用阴刻法刻梧桐、山雀及落款"三松"。这落款安排貌似不经意,会被认为是屏风画的作者,这就显现了三松的匠心。

因为笔筒围圆较长,三松特地在小姐左面增加了木几,上置砚台、笔架、香薰、古琴等。木几前设瘿木座子,安放哥窑长瓶,插荷花几枝,以此来描绘闺房,烘托她的身份(尽管她是寄居)。

这件作品有三点值得借鉴:一是人物衣褶的流畅与屏风上梧桐线条的滞拙多折,形成鲜明对照,使画面生动多趣。二是注重主配角呼应关联。莺莺的神色专注和红娘的俏皮,对比之下,极富个性的人物形象呼之欲出。三是人物的立体感与背景凹陷,这不是简单的刻法增加,而是在笔筒有限的厚度刻出层次,增添景深。

这件作品现藏于台北"故宫博物院"。

还有一件荷叶水盏,为竹根雕,"虫蚀叶边,半残之花朵,郭索之小蟹,无不状写入微,饶有生趣"。

一件寒山拾得像"似全不费力,将二僧天真憨稚之神态毕现于刀锷之下,亦堪称杰作"。

以上两件藏于北京故宫博物院。

他还用竹根雕蟹或者蟾蜍,也是活灵活现。更令人叫绝的是,在一寸多长的竹扇坠上雕两老人,立在松树下,指着山间升起的月亮,似有所问,松针以及人物的须眉衣褶,刻得细致清晰,为实写;山岩略作斧劈皴,为虚写。这样小的面积,画面这么复杂,虚实结合,不愧是一件精品。

他还曾刻制辟邪纽竹根印,落款"崇祯庚辰三松制",十分精致,令人赞叹。可惜这些小件大多散失,所幸较大的精品尚留世间。

曾被王世襄推崇的,当数竹根雕补衲袈老僧(原为金西厓藏)。老僧身着

竹刻笔筒鉴赏
更上层楼的朱三松

禅衣,两肩略耸,袈裟挽左臂,两手补缀袈裟破洞,然笑容可掬,欢喜憨朴,突显老僧淡定禅心。这件作品雕刻之精可从脸部表情、衣褶、足履和袈裟边细致的刻画看出。在2003年秋拍,这件作品拍出了264万元的高价。

这些圆雕作品启示了以后封氏兄弟的竹根雕。

综上所述,三松与父小松相比,题材更多样,刀法更精细。故《南山随笔》称:"嘐城竹刻,自明正嘉间高人朱松邻鹤创为之,继者其子小松山人缨,至其孙三松稚征而技臻极妙。"《对山书屋墨馀录》说得更明确:"人谓小松出而名掩松邻,三松出而名掩小松。其实松邻之名,晚年始噪,及小松而盛,三松则继其余耳。"

三松为什么能取得这么大的成就?笔者认为有三点。一是家学渊源,学养深厚。他从小受到严格的传统文化教育,天生喜画善写会刻,书法、篆刻、绘画无所不能。他特别"善画远山淡石,丛竹枯木,尤喜画驴"。二是他的创作态度十分认真,从不轻易下刀,要到兴致来了才奏刀。遇到识者,他会把作品馈赠给人家,逢到那些附庸风雅的权贵来求竹刻,即使许以重金,他照样拒绝。他总是说刻竹不是为了金钱,要将自己满意的作品留存世间。因此他的作品从构思、绘稿到雕刻完成,往往需要一年左右。三是不断探索。三松在创作时并没有囿于祖父辈刻过的题材和刀法,而是进行新的探索,像上面介绍的竹根雕蟹、蟾蜍和老僧等就是他探索的成果。

金西厓在《刻竹小言》中说:"盖嘉定竹雕及三松而器物愈备,技法愈精,声名愈盛,而学之者愈众。《竹人录》所载如秦一爵,沈汉川、禹川昆仲及汉川之子沈兼,皆师法三松而有名于时者。"可以说后来嘉定籍、非嘉定籍竹人都是三松的徒子徒孙。

朱三松,名稚徵,小松次子,生卒年月不详,活动在明泰昌、天启、崇祯年间。他性情简远,为人孤傲、执拗,结交的多是品格高洁的文人雅士。

朱三松的作品在当时就很受人追捧,后来价值等同珠玉,清嘉庆皇帝见到进贡来的三松作品,不禁欣然题:"传神只作萧疏笔,经久由来以朴存。"以

竹刻笔筒鉴赏
更上层楼的朱三松

示推崇。后有不少人将仿他的作品刻上伪款,冒充真品,以求厚利,这是现代人要加以注意鉴别的。

目前北京故宫博物院藏有三松竹刻《渔翁》一件,中国历史博物馆藏有他的《松阴高士》笔筒一件。

(图片由邕盒授权使用)

竹刻笔筒鉴赏
三松传人沈大生

三松传人沈大生

三松之后，还有一位杰出的竹刻家，那就是沈大生。

沈大生字仲旭，又字禹门，号禹川，生卒年月不详，活动期在明末清初。他的兄长汉川曾从三松学刻竹，深得朱氏竹刻之法。沈大生目睹兄长稍有空闲就不停镂刻，心领神会亦学会了刻竹。可以说沈大生是三松的间接学生。

沈家世代行医，传统文化底蕴深厚，他又能作诗绘画，艺术修养超群，所以在创作中屡见新意。最突出的要数圆雕蟾蜍摆件。

蟾蜍取竹根部雕成，张口吐舌（舌另装），背部匍匐两小蟾蜍，腰拱腹鼓，稚拙可爱。一小蟾蜍口里含一枝叶并带果实。他用夸张手法，删繁就简塑造了大蟾蜍的形体。大蟾蜍运刀简约，较写意；小蟾蜍就写实，头部四肢形态精准，无可挑剔。写意写实互相映衬，作品就生动有趣。底部刻款："天启三年仲冬，禹川沈大生制"，旁有阴文印

《蟾蜍》圆雕

竹刻笔筒鉴赏
三松传人沈大生

"元之"。这一切显示了沈大生的匠心巧思。

最能代表他传承了三松技艺的,当推《庭院读书图》笔筒。

笔筒呈椭圆,他取宽阔一面施刀。画面右侧刻一松树,树后是圆洞门,两女子偏左,一坐一立,一本书摊在瘿树桌上,似在讨论着什么。女子发髻高耸,鹅蛋脸都微微俯向书本,神态极其专注。衣衫、裙袂、飘带轻柔,刻出了丝绸的质感。右侧设圆凳、石案。石案上香炉、书函、花瓶,衬托两人的高雅。背景梧桐、芭蕉、湖石掩映重叠,并不见壅塞、繁杂,主要是他采用深刻浅刓、透雕圆凿,分出了层次。

这件杰作三方面取胜:

一是思想性取胜。千百年来封建礼教鼓吹"女子无才便是德",剥夺了妇女平等受教育的权利。晚明时期,苏州工商业发达,孕育着资本主义萌芽,女权意识逐渐觉醒。市井文化中,比如冯梦龙的小说,对历代优秀女子的赞颂,冲击了封建礼教束缚妇女的清规戒律。受此影响,沈大生塑造女子读书的形象,向封建礼教宣战,这在思想性上就胜人一筹。

二是意境取胜。同时期的竹人刻竹都以罗汉、僧人、神仙等所谓"俗"题材居多,当然也有刻"梅兰竹菊"及白菜、山水等表达"雅"趣,而沈大生鲜明地用"风雅"的题材来寄托他的思想感情,营造的意境也胜人一筹。

三是构图取胜。笔筒周围面积与横幅相仿,或稍大。沈大生

《庭院读书图》笔筒

竹刻笔筒鉴赏
三松传人沈大生

深谙"六法",以圆洞门为界,将人物、桌凳、树木、花草等在内有序排开。这样集中聚焦,使主题有效凸现,是构图胜人一筹的地方。

沈大生以行医为主,兼刻竹自娱,又能诗画。《竹人录》称他"诗画俱洒脱不凡"。他为人儒雅、温和,喜结交文人朋友,与归昌世友善,为归昌世的竹杖刻铭文。为答谢沈,归曾赋诗记此事。

归昌世,明末饱学之士,昆山人,有光之孙。书法晋唐,善草书,工印篆,山水法倪、黄,花卉在徐渭、陈淳之间,与李流芳、王志坚并称三才子。

同是竹刻名家的沈兼(大生侄)为叔父题诗:"溪流数曲竹千竿,清映须眉昼亦寒。心事不随时世改,百年犹见旧衣冠。"赞他宁为大明遗民,也不愿归顺大清。

竹刻《蟾蜍》由香港麦雅理收藏,《庭院读书图》现藏上海博物馆。

(图片由上海博物馆授权使用)

金陵派创始人濮仲谦

正当朱氏祖孙三代的竹刻风靡暾城，效仿者日众之时，有一位竹人不愿亦步亦趋。他一改深浮雕的精雕细琢，"以不事刀斧为奇，经其手略刮磨之"，大有"文章本天成，妙手偶得之"之趣，他就是金陵派竹刻的开山祖师之一濮仲谦。

濮仲谦（1582—？）名澄，复姓濮阳，图省事，单称濮，字仲谦，以字行。刘鉴《五石瓠》曰："苏州濮仲谦，水磨竹器如扇骨、酒杯、笔筒、臂搁之类妙绝一时。……或见其为柳夫人如是制弓鞋底板二双，又或见其牛乳潼酪筒一对，末矣。"

濮仲谦与柳如是结识，为她制作了弓鞋底板。笔者推断当在她成钱谦益侧室，钱携柳到苏州之后，不太可能是她为秦淮八艳，艳帜正盛之时。

柳如是，明末女诗人，本名杨爱，又称河东君。她生性聪颖，但迫于家贫，年幼时就被掠卖到吴江为婢，妙龄时堕入章台，改名为柳隐，在乱世风尘中往来于江浙金陵之间，名列"秦淮八艳"。后嫁与有"学贯天人"之称的明朝大才子钱谦益为侧室。她才华横溢，留下《湖上草》《戊寅草》与尺牍等作品。

据张岱说，尽管濮"竹器一帚一刷，竹寸耳，勾勒数刀，价以两计"，然濮不善经营，"三山街润泽于仲谦之手者，数十人焉，而仲谦赤贫自如也"。这

竹刻笔筒鉴赏
金陵派创始人濮仲谦

《竹枝》笔筒

决定了他没钱去秦淮河畔狎游。

张岱(1597—1679),明末清初文学家,字宗子、石公,号陶庵,浙江绍兴人,侨寓杭州。清兵南下,入山著书,文笔清新,时杂诙谐。作品多写山水景物、日常琐事,有些作品表现出明亡后的怀旧感伤情绪,有《琅嬛文集》《陶庵梦忆》《西湖寻梦》等,又有《石匮书》,现存《石匮书·后集》记载崇祯至南明史事。

张岱与濮仲谦交谊较深,对他比较了解,称他"以不事刀斧为奇"。本文介绍的《竹枝》笔筒,就是这样的作品。

笔筒刻竹一枝,竹干劲挺,取斜势,形态逼真,分叉分明,布局自然。竹叶俯仰偃侧,姿态各异,疏疏密密,生动精雅,意味隽永,底子处理得洁净光滑。笔者认为浅浮雕比深浮雕难。然金元钰断言:"濮派浅率不耐寻味,远不如朱",金西厓在《刻竹小言》中斥之为"地方门户之见,未足视为定论也"。

这件作品可以看作是作者的感情寄托,也可视为是作者自况,虽然简约,但起到如郑板桥所说的"少少许胜多多许"的效果。这与国画中有巨幅长卷,也有册页小品一样,不能简单以体量大小来作评判标准。册页小品构思巧妙,用笔精妙,照样可以胜过平庸的巨幅长卷。

濮并不是一味求简,如北京故宫博物院藏的竹刻《古松形壶》,落款为"仲谦"的就是比较繁复的一件。

竹刻笔筒鉴赏
金陵派创始人濮仲谦

壶身取一段老竹干，分枝弯曲作柄，另一分枝截断作壶嘴，壶身雕鳞状瘿节，松枝虬曲盘绕，左上松针朵朵交错层叠，看得出这件作品花了很多工夫，构思巧妙，刀工精细，形态古朴，是不可多得的精品。

有人说此件风格与朱松邻相近，质疑是不是濮仲谦所作。其实存疑者只知两者风格相近，没看到之间的差别。

濮这件作品除了松针松枝雕刻精细为写实，其他如壶嘴、壶柄及鳞状瘿节都是随形施雕，"经其手略刮磨之"为虚写，明显与朱松邻的《松鹤图》笔筒深度进刀、刻意塑形不同，而这些恰恰是金陵竹刻的特征。

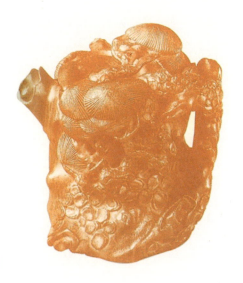

《古松形壶》竹雕

濮的作品粗与细相映照，实与虚结合，作为后来者，显然比朱要高出一筹。

濮仲谦专注于艺术，为人淳朴敦厚，没有心机，缺少城府，当时许多名士都与他结交，引他为知己。大才子钱谦益曾为他题诗："沧海茫茫换劫尘，灵光无恙见遗民。少将楮叶供游戏，晚向莲花结净因。杖底青山为老友，窗前翠竹似闲身。尧年甲子欣相并，何处桃源许卜邻？"并注"君与予同壬午"，盖两人同岁。

张岱《陶庵梦忆》卷一曰："南京濮仲谦，古貌古心，粥粥若无能者，然其技艺之巧，夺天工焉。其竹器一帚一刷，竹寸耳，勾勒数刀，价以两计。然其所以自喜者，又必用竹之盘根错节，以不事刀斧为奇，则是经其手略刮磨之

竹刻笔筒鉴赏
金陵派创始人濮仲谦

而遂得重价，真不可解也。仲谦名噪甚，得其一款，物辄腾贵。三山街润泽于仲谦之手者，数十人焉，而仲谦赤贫自如也。于友人座间见有佳竹佳犀，辄自为之。意偶不属，虽势劫之，利啖之，终不可得。"张岱称他"粥粥"当解释为"黏糊"。面对要雕琢的材料，反复揣摩，迟迟不动手，岂不是"粥粥"？这是一种心无旁骛、大智若愚的状态，是从艺者的最高境界。

  濮仲谦生于1582年，卒年不详，活动期在明末清初之间。据说他晚年遁入空门，钱仲谦诗"晚向莲花结净因"可证。

（图片由故宫博物院授权使用）

竹刻笔筒鉴赏
周乃始的《蕉荫读书图》笔筒

周乃始的《蕉荫读书图》笔筒

周乃始所处的时代正是明清交替之时。清顺治二年（1645），清军下江南，嘉定兵民为抵御外族入侵，奋起反抗，招致清军三次屠城，被杀人数逾十万，嘉定城乡血流成河，尸横遍野，一个富庶、祥和的县城一时成了"鬼城"——家家未亡人给亡灵烧纸祭奠，户户门口飘着白幡，哭声彻夜不断，此起彼伏……这就是历史上有名的"嘉定三屠"。

周乃始侥幸逃过劫难，但血腥杀戮无法淡忘，心中悲愤、痛苦难以减轻。许多与他有同样经历"宁为逸民，不求闻达的中下层知识分子，忿然以竹刻作为寄

《蕉荫读书图》笔筒

竹刻笔筒鉴赏
周乃始的《蕉荫读书图》笔筒

托怀抱，抒发幽思和消磨长日的对象，就如同寄兴琴棋书画一般"。（施远《竹镂文心》序论）《蕉荫读书图》笔筒就产生于这样的时代背景和心理状态。

且看，画面中的人物仍是明代汉人装束，头未剃，辫没梳，宽袍大袖。而现实中，在"留发不留头，留头不留发"淫威逼迫下，众人都无奈梳起了长辫，换上了满人衣装。画面这一坚持，直露地表达了周乃始的遗民心理——思念前朝，内心不肯归顺。

画面中人物端坐池边，捧书而读，传递了周乃始抱节隐逸、不求仕进、拒绝与统治者合作的姿态。

李圣芝在《周墨山传》文末忆及周乃始云："想见绿暗村中，颓然一老枯坐寒吟，情形可掬也。"这段描写与笔筒意境十分吻合。众多竹人中，以竹刻直抒胸臆，以作品主人公寄托情怀的恐怕就数他最突出。

周乃始，字万周，又字右文，号墨山，住嘉定西城壕，所居有绿暗村。《竹人录》称他"诗、书、画皆有外味，余事寄兴刻竹，尤善刻芭蕉丛竹"。经历了清军三次屠城刺激，他变得"性跌宕"，情绪变化很大；为宣泄郁积之气，他"能高歌"；又"善说书"，以借古讽今；为排解苦闷，他与同里孙松坪、陈道山、张紫庭结诗酒会。在推杯换盏、浅斟沉酌之间，吟诵历史得失，臧否时局长短。他不愧为一个性情中人。

他的《蕉荫读书图》笔筒从艺术角度剖析，很值得玩味。

一是疏密得当。蕉叶、竹叶、近处土坡的皴都是密，留出大片空白为疏，疏密相间，章法上乘。

二是陷地刻与浅刻结合。蕉叶采用陷地刻，取势自然卷曲，叶面又用浅刻法刻经络，人物、丛竹、蕉杆、山石俱用浅刻，两相对照，显得十分生动。

三是蕉杆的粗线与人物轮廓、竹枝、杂草的细线形成强烈对比，刀法的多样、善变得到体现。

空白处用行书阴刻刻款："蕉竹萧凉处，闲看秋水篇，墨山。"山石左下角一小印："彦冲珍玩"，是后加的。此件作品初由褚德彝收藏，他1909年得

竹刻笔筒鉴赏
周乃始的《蕉荫读书图》笔筒

之于嘉兴旧货摊上。1942年褚病逝,家人出售藏品,竹刻全归秦彦冲庋藏。"文革"初,秦受冲击,此件流出,现入藏上海博物馆。

(图片由上海博物馆授权使用)

竹刻笔筒鉴赏
陈立的《松荫对弈图》笔筒

陈立的《松荫对弈图》笔筒

时间的溪流冲刷着记忆中的血腥。几十年过去了，人们似乎不愿再提及那不堪回首的残酷，生活平静地延续。朱氏竹刻一遇合适的气候，就开花结果——练祁镇陆续开出了好几家前店后坊的竹艺店，销售竹刻作品。影响所及，周围各镇也有人玩起竹刻来，其中著名的有黄歇渡的陈立，他继承了朱氏深浮雕技法，适当加以透雕，使作品层次更丰富，立体感更强。

现介绍他的《松荫对弈图》笔筒。

笔筒安排了三组人物，正面一组两人对弈，一人旁观，一童仆伫立一旁待命。四人十分紧

《松荫对弈图》笔筒

竹刻笔筒鉴赏
陈立的《松荫对弈图》笔筒

凑,营造了专注弈棋、心无旁骛的氛围。两人弈棋,手臂移动为动,观者默默注视为静,动静结合,主景充满了生气。

左上角假山高处两位女眷正捧书而读,神情恬静、庄重。这第二组人物虽说是配角,却并不是可有可无,而是作者心中理想家庭——书香人家所必需的。

第三组人物就是两个童仆挥扇煮茗。两人模样调皮、活泼,与女眷形成对比。

三组人物错落有致、主次分明,体现了作者的匠心独运。

假山、梧桐、芭蕉、松树,点明了这是江南读书人家。松针、芭蕉叶、梧桐叶的精雕细刻凸现了运刀细致细密;人物变形,脸部眼睛夸张,衣褶寥寥几刀,可看出运刀粗犷、简略。细与粗的掌握自如让人感到作者刀法的娴熟。

耐人寻味的是,所有人物都是汉人打扮,并没有因朝代更迭改变装束。是有意为之,还是疏漏?作者的内心值得推敲。

背面假山石壁上落款:陈立制,下刻阳文篆书方章"陈"。

通观笔筒,只觉得人物闲适、愉悦、志趣高雅,已没了稍前周乃始所表达的寒吟枯坐的心理。虽反映了前朝读书人生活状态,却是作者当下追求。画面景物配置称得上巧妙自然,不露人为痕迹。作品古拙中见典雅,细微中见深刻,是竹刻艺术在上升时期的一件佳作。

好作品源自陈立的深厚学养。

陈立出生于黄歇渡一个家道殷实的耕读人家,从小喜绘画。童年时找来半透明的连史纸,描摹本草中药草图,稍长描摹绣像小说中的插图。上私塾后兴趣仍不减,常常在塾师摇头晃脑诵读诗书时,在底下偷偷描绘插图。陈父原指望他博取功名,走仕途,听塾师告知他的情况,大失所望,只能随他去。

陈立的幸运就在于有一个随和的父亲。陈父见不能改变儿子,转而支持起他来。一次去练祁镇,在书铺发现有《芥子园画谱》和《芥舟学画编》出售,赶紧购下。

陈立得到这两套书,心中无比激动,奉为至宝。稍有空闲就不停临摹、练习,皴擦点染,越画越有劲,领悟也日益加深。

竹刻笔筒鉴赏
陈立的《松荫对弈图》笔筒

　　他又遵循"造化为师"古训，带上纸笔墨，去乡间写生，画荷花、牡丹、芍药、玉兰等。

　　到了弱冠之年，他的花鸟、山水画在当地已小有名气。但他并不满足，练习一段时间后外出，登门向周边前辈画家求教请益。陈父也会把家藏的李流芳、董其昌的画拿出来供他临摹。这样他进步很快。

　　陈立所处正是竹刻开始风靡之时，几次去练祁镇竹艺店，看也看会了竹刻门道。他善于自绘自刻，一出手就不同凡响。《竹人录》说他"工刻竹，善镌花鸟、山水"。

　　他与同乡王永芳时常交流切磋，王善刻东坡体，"清劲洒落"。两人一擅刻画，一擅刻字，成为黄歇渡镇的竹刻"双星"。

　　深浮雕人物难度大，费时费力，陈立很少创作此类作品，《松荫对弈图》显得十分罕见。

　　陈立生卒年月不详，活动期在康熙年间。他的深浮雕作品承接了朱氏遗韵。在他之后，竹刻技法就要发生大的变化了。

（图片由"集宝"授权使用）

承前启后的吴之璠

金西厓在《刻竹小言》中说：竹刻大家，技法创新而又启迪于后者，有吴之璠、封锡禄、周颢、潘西凤四人。

吴之璠，字鲁珍，号东海道人，为三松后嘉定第一名手。

吴之璠的杰出在于他的浅浮雕，为前人所未备。其中尤以"薄地阳文"成为业内专名，用于"鲁珍浅浮雕刻法"。其突起高度虽低于朱氏之高浮雕，但游刃其间，绰有余裕。"鲁珍善于在纸发之隙，丝忽之间，见微妙之起伏，照映闪耀，有油光泛水，难于迹象之感"，"藉以表达此种意趣之竹质，只用坚实而润泽之表层肌肤"。

吴之璠明画法，工构图，善用景物之遮掩压叠，分远近，生层次，故能在浅浮雕之有限高度上，甚至在高低相同之表层有透视之深度。

吴之璠早期师结朱氏，刻《二乔读书图》深浮雕笔筒，后创作题材放宽，刻上竹筒的有牧童、牧马人、隐居的文人及刘海、布袋和尚、张仙等。

他为"萃集精力，刻画只占全器某一局部之一事一物，此外则刮及竹理，任其光素，或有雕刻，不过略加勾勒而已。如此则宾主分，虚实明，朴质可见竹丝之素地，与肌肤润泽上有精镂细琢之文图，形成对比，相映成色，它与深浮雕笔筒景物周匝、布满全身者又大异"。

他具有驾驭复杂场面的本领，在笔筒上创作历史故事"东山报捷"。这

竹刻笔筒鉴赏

承前启后的吴之璠

《东山报捷》笔筒

是划时代的佳作。虽说用的是黄杨木，但为后来竹人模仿，刻成诸多竹笔筒。

太元八年（383）前秦苻坚强征各族人民，组成九十万军队南下，企图一举灭晋。晋相谢安命谢玄等率兵八万迎战，大破秦军于淝水。这是历史上有名的以少胜多的战例——"淝水之战"。吴之璠以他丰富的想象，善于抓住要点，突出了谢安在战争阴云笼罩下仍与人对弈，即使前方报捷，也了无喜色，将其运筹帷幄，决胜千里的气概，镇定自如的神态，表现得淋漓尽致。

作品高低错落，疏密有致，动静结合，九个人，三人一组，互相呼应，极其生动。

作品进贡入内府，乾隆大加赞赏，题诗二首嘱人用隶书刻在空白处：

赌墅已因胜谢元，即临大事只夷然。淮淝捷报传飞骑，履齿何妨折不全？

鲁珍绝技继朱公，逸品流传颇寡逢。对弈人间若无事，传神是谓善形容。

过后意犹未尽又题一首：

竹刻由来称鲁珍，藏锋写象看传神。技哉刀笔精诚可，于吏吾当斥此人。

（这里的"斥"是"多"的意思）

乾隆两次写诗赞吴之璠的艺术，这在竹人中是绝无仅有的。乾隆什么好东西没见过？造办处的能工巧匠多了去，而乾隆独对这件作品连题诗三首，说明作品构思精妙、构图精巧、雕刻精致深深打动了皇上。

竹刻笔筒鉴赏
承前启后的吴之璠

下面来介绍吴之璠薄地阳文竹笔筒《高士采芝图》。

笔筒采用"刻画只占全器某一局部之一事一物",偏重于右边。画面中一位高士肩扛锄头,锄把挂着装了灵芝与草药的篮子,款款走来。高士形象突出,神态夸张。用洗练的刀法刻出了五官,呈现一副乐而忘忧的样子。手和脚表层肌肤相当写意。双乳与大肚略加刮削,呈弧形,而衣褶却显方折。线条多姿,足见吴之璠的匠心。头发,胡须及篮子竹篾线条的细密又见他用刀的精细。两棵松树前后搭叠,枝叶穿插遮掩,加强了景深。背景铲削光洁,"可见竹丝之素地"。左边刻诗一首,字迹极具书卷气,落款"吴之璠"。

《高士采芝图》笔筒

作品疏密结合,主次分明,用刀既有粗犷的刮削,也有细致的刻画,极其生动逼真。

吴之璠还有《牧牛图》《牧马图》《刘海戏金蟾》《采梅图》《松荫迎鸿图》等笔筒,都与《高士采芝图》相仿,极为精致传神。

金西厓称吴之璠的浅浮雕影响到后来的制墨琢砚。王世襄说他"造诣甚高,创新既多,影响亦巨"。前人评价他"精细得神,最为工绝"的溢美之词则更多。

吴之璠,嘉定人,初居南翔,生卒年月不详,活动期在清康熙年间。《竹人录》称他"工人物、花鸟,行草秀媚遒劲,竹刻尤称名手,所制薄地阳文,最为工绝。流传人物、花鸟笔筒及行草秘阁,秀媚遒劲,为识者所珍"。他的

竹刻笔筒鉴赏
承前启后的吴之璠

才华为天津一位马姓县官所赏识。马延请他到家中创作，待他如上宾。马县官卸任，他跟随一起离开了天津，就此不知所踪。后乾隆见到进贡来的《东山报捷》笔筒，询问起他的情况，并题诗赞扬，他的名声就此传播开来。

吴之璠雕刻的《东山报捷》笔筒，21世纪被列为故宫藏百件国宝之一，是收藏大家马未都推荐的不得不看的杰作。

（图片由"集宝"授权使用）

别开生面的周芷岩

嘉定竹刻由"清前期之繁绮多姿,嬗变为清后期之平浅单一"(金西厓语),这其中有一个重要推手,那就是周芷岩,或者说他就是纯粹阴刻的肇始者。现介绍他55岁时刻的《秋菘图》笔筒和60岁刻的《竹石图》笔筒,来印证刀法演变轨迹。

《秋菘图》用极浅的浮雕刻菜叶卷边和菜梗,仅显示轮廓而已。筋脉用阴刻,线条粗细变化,恣意流畅,自然醒目。叶子随风翻折,卷边多姿,筋脉隐现,层次分明,可以看出作者对生活观察之细腻和描绘之真切。秋菘之外铲为平底,使秋菘微微凸起——是为浅浮雕。左上阴刻行书题款:"有田皆种玉,不如种青菜。结子打香油,还供读书债。己未秋抄漫制于珠渊别业,芷岩山人。"诗流露一丝诙谐调侃的意味,运刀娴熟老辣,爽利洁净,阴阳结合,相得益彰。整件作品构图简洁,刀工上乘,趣味清雅,意蕴深长。这是浅浮雕与阴刻结合的作品。

再来看《竹石图》笔筒。

《竹石图》纯粹用阴刻法,他以方折、轻重变化的运刀刻石,略作皴擦,使石块具有质感。石块背后两竿竹,竹叶纷披,随风摇曳,显示运刀如挥毫般的酣畅。竹石之间疏密对照,动静结合,"胸有成竹""驾轻就熟"应是最恰当的形容,有人称他"用刀如用笔","以书法施之刻竹",可说是"一语

竹刻笔筒鉴赏

别开生面的周芷岩

《秋菘图》笔筒及拓片

中的"。

　　他一生用阴刻法刻了很多松壑云泉、溪云山阁、柳荫垂钓之类内容的笔筒、臂搁。由于底蕴深厚，他游刃自如，中锋侧锋，顺剡逆剔，将国画的浓淡枯涩表现得淋漓尽致。

　　其实周芷岩掌握多种刀法，褚德彝（《竹人续录》作者）曾见过他雕的东方朔象，长髯披拂，宽袍广袖，右手握桃，左手按膝，一副玩世不恭的神态。作品高度仅在58毫米左右，这是圆雕。金西厓曾见一臂搁上芷岩刻的蕙草一株，花萼雕刻极深，蕊舌卷转，玲珑可爱；又见芷岩款荷花、白菜笔筒，刻得极深，精美无比，这是陷地深刻。钱定一曾在刘公鲁家见过芷岩款的山水笔筒，由"四王"中的王鉴绘，并有王时敏题，精妙无比，堪称"神品"，这是阴刻。

　　金西厓说"陷地深刻"不一定是芷岩所创，但到他手上就完美了。周芷岩

竹刻笔筒鉴赏
别开生面的周芷岩

是多种刀法集大成者,而以阴刻最为突出。他以"阴刻为主,功夫自深。其轮廓皴擦,多以一刀刓出,阔狭浅深,长短斜整,无不如意。树木枝干,以钝锋一剔而就,有如屈铁……刀痕爽利,不若用笔或有疲沓之病"。(《刻竹小言》)

用刀痕凿迹再现书画效果,在竹上表现笔墨情趣,被后来的竹人、文人视为竹刻最高境界。他则被认为是达到了最高境界的首位竹人。

他的好友钱大昕对他阴刻作品赞道:"嘉定竹人自三朱、沈、吴之后,芷岩更出新意,作山水树石丛竹,用刀如用笔,不假稿本,自成丘壑。其皴法浓淡坳突,生动浑成,画手所不能得到者,能以寸铁写之。"还说他"尤好画竹,兴酣落笔,风枝雨叶,无不曲肖"。这皆得益于他对绘画研习的精深,芷岩"于画独有神介,仿古贤山水人物皆精妙"。

蒋宝岑《墨林今话》说他"幼曾问业王石谷,得其指授,仿黄鹤山樵最

《竹石图》笔筒拓片

竹刻笔筒鉴赏
别开生面的周芷岩

工"。所以芷岩首先是画师,然后才是竹人。不像其他名家,是竹人兼画师。金西厓说:"在竹刻史中,芷岩乃一关键人物,刀法有继承,有创新,有遗响。""芷岩乃将南宗画法入竹刻之第一人。"

周芷岩取得的成就引来同代人和后人的一片喝彩。王鸣韶《嘉定三艺人传》赞他"画山水、人物、花卉俱佳,更精刻竹。能皴擦勾勒,悉能合度,无论竹简竹根,深浅浓淡,勾勒烘染,神明于规矩之中,变化于规矩之外,有笔所不能到,而刀刻能得之"。金元钰则称其"以画法施之刻竹,含南北宗为一体,无意不搜,无奇不有"。金西厓称"若取历朝诗人与竹人相拟,芷岩可当少陵,二百余年,首屈一指,推崇备至,可谓无以复加"。将他比作杜甫,可见评价之高。

周颢(1675—1763)或(1685—1773),号芷岩,字晋瞻,又号雪樵,一号髯痴。嘉定人,住城南。家境虽不富裕,但他父亲很注重芷岩的教育。针对他天赋异禀,悟性特强,除学"四书五经"外,还延请多位名师授他书法绘画。名师中就有一位叫王石谷的画家。

王翚(1632—1717),字石谷,号臞樵、耕烟散人、清晖主人等,常熟人。嗜画,似有夙慧,运笔构思,天机迸露,迥非时流所能。与太仓王鉴、王时敏、王原祁共创南宗山水,世称"娄东画派"或"四王山水"。

少年周芷岩敏悟却不自恃,勤奋挥毫学苏东坡书,不拘泥于苏体而有变化;学文同竹子能得其神韵,万竿烟雨,气含淇澳,清雅超逸;山水画仿王蒙最工,秀润苍茫。

长期书画熏染,周芷岩养成了磊落不羁、和蔼可亲的性格。因长了络腮胡子,乡亲们都称他"周髯"。

尽管他为人潇洒开朗,不拘小节,但创作态度却十分认真。无论绘画、刻竹,稍有不满意时,立即毁掉,所以存世的作品都是精品。现若遇到落他款而粗陋的作品,十有八九是赝品。

周芷岩的好性格保证了他的好身体,80多岁时仍善饭健步,一直活到

竹刻笔筒鉴赏
别开生面的周芷岩

89岁。

由于他的示范效应,用深浅浮雕,陷地深刻,圆雕刻竹的竹人逐渐减少,纯粹用阴刻法的竹人多了起来,加上留青刻,形成了清后期的"平浅单一"的特点。

上海博物馆藏有他刻的山水和竹石笔筒各一件。

顺便说一下,苏州文物商店藏有周芷岩阴刻仿黄鹤山樵笔筒,王世襄编撰竹刻书籍,请求该店提供拓片,他们却以会磨损为由加以拒绝。其实拓印引起的磨损微乎其微,可以忽略不计。

(图片由上海博物馆授权使用)

竹刻笔筒鉴赏
别有深意的沈全林

别有深意的沈全林

不管是浅浮雕还是圆雕，或是陷地深刻，白菜是永恒的主题。只要是自己绘稿，一百个竹人刻的白菜就有一百种形态。能超出一般形态，别有深意，这竹人就是高手。沈全林就是这样的高手。

现介绍他的《螳螂秋菘图》笔筒。

众多竹人大都刻一棵白菜，沈全林却刻两棵，一高一矮。好像一对恋人相拥而立，姿态优美。他用陷地深刻，刻出四层，表现白菜的茎叶。菜叶偃仰欹侧，舒展饱满，阴阳映照，立体凸现。令人称道的是他刻画细致，叶正面的脉络为阴线，反面为阳线，明晰逼真。可见他恪守"求真"原则，不惜花费大量功夫，追求完美。另外，他并不限于一种刀法，土坡及杂草用阴刻线条或剔刀来表现，使画面主次分明，虚实相间。

如果说单棵白菜寓意"清白"，两棵白菜就是"清清白白"。从谐音来说，一棵白菜谐"百财"，两棵白菜谐"两百财"或"双百财"。虽古话说"福不双至"，但人们总祈求能好事成双。他的这件作品就表达了这样的美好愿望，这是深意之一。

此作品还有一妙处，就是安排了三只螳螂一只甲虫。两螳螂正作揖对拜，拟结为夫妻，另一螳螂似在刚才决斗中落败，正向隅叹息，甲虫作壁上观，对败者充满同情。

竹刻笔筒鉴赏

别有深意的沈全林

不要小觑这拟人化安排，这样使整幅作品静中有动，动静结合，洋溢着生机。周芷岩、封锡爵也刻白菜，未见有昆虫，若是沈全林首创，不能不说他匠心独运，这是深意之二。

沈全林的双白菜，寓意是一方面，更多的是要表现作品的趣味。在这之后，竹刻甚至木雕、牙雕、玉雕都频繁出现蔬果昆虫组合，最著名的当数台北"故宫"珍藏的清末制作的翡翠白菜蝈蝈。这些是不是受沈全林的影响？

沈全林，字榕盘，晚号西池老

《螳螂秋菘图》笔筒

人，嘉定人，生卒年月不详，活动在清中期，与周芷岩同期。他性情高洁，爱梅，在住宅四周遍植梅树。弱冠之年从师学画花鸟，刻竹的稿子皆由自己绘就。由于绘画功底扎实，构图取舍得当，疏密相间，虚实妥帖，加上他刀功娴熟，运刀圆润方拙、顺畅滞涩尽在掌控之中。作品自然、生动、充满生机。

他为人洒脱、雅逸，一副络腮胡须获得美髯公称号，与同是美髯公的周芷岩的友谊深厚。他住城西，虽与城南的周芷岩有一段距离，但经常互相走动，在一起品茗聊天，臧否业内作品。周芷岩欣赏沈全林为人高洁，刻竹缜密，充满生机；沈全林看重周芷岩富有才气，却从不恃才傲物，为人和善旷达。两人性格有差异，但十分投缘，惺惺相惜是他俩的相处状态。因为共同爱好刻竹，在一起总有聊不完的话题。他们聊祖师爷朱松邻及小松、三松的轶事，聊封锡禄叔侄在养心殿造办处以刻竹侍奉乾隆爷，聊当下竹刻的辉煌和不足。沈全林感慨自己运刀未能像芷岩那样恣肆豪放，山水皴刻淋漓，元气毕露。周芷岩尽管自负，倒也认可他这一路刻法，不断加以鼓励。两人讲到酣畅处，一个经典

竹刻笔筒鉴赏
别有深意的沈全林

动作就是相对抒须大笑。后来诗书画家陆即仙在《竹枝词》盛赞两人:"榕髯花鸟芷髯竹,周沈风流续旧传。"

陆即仙,名遵书,以字行,嘉定人,乾隆三十三年(1768)举人。以画钦取内廷侍直,后主聊城讲席,晚授会同(新会)知县,未赴任卒。兄、弟皆以画名。

《竹人录》称沈全林"与周颢并称。全林亦画花鸟草虫,无不工妙,不徒以蝴蝶得名也"。

(图片由邕盦授权使用)

竹刻笔筒鉴赏
精益求精的顾珏

精益求精的顾珏

自朱三松之后，江南刻竹的人多了起来，除沈大生保持三松的深浮雕风格，其他竹人与三松风格渐行渐远。好比三松带领一群竹人前行至岔路口，除一直往前的如沈大生，还有左转弯的，像吴之璠发明了薄地阳文刻法；周芷岩在竹上直接进刀，阴刻山水；江阴张希黄发明了留青刻……也有右转弯，像顾珏，构图比三松更繁复，进刀更深，雕刻更精细，面貌与三松大不一样。《竹林七贤图》笔筒就是他的代表作。

晋代政治腐败，书生山涛、阮籍、嵇康、向秀、刘

《竹林七贤图》笔筒

竹刻笔筒鉴赏
精益求精的顾珏

伶、阮咸、王戎愤世嫉俗，不与当局合作，常至河南辉县西南的竹林聚啸吟诵，饮酒畅叙，为当时人们所称道，后人就把他们称为"竹林七贤"。他们也成为画家、雕刻家的常用题材。其他竹人刻这一题材，往往将竹林作背景，七贤在前；或者将竹林配置左侧、右侧，七贤活动在竹林外。顾珏奇绝就在于他将七贤置于竹林之中，三五株竹在人物前端，两者并不黏连，镂空挑出，这是何等高超缜密的运刀技巧！

顾珏熟知竹子肌理丝绺，创作时既大胆又小心。大胆，构思时敢于把人物置于竹后；小心，进刀时一点一点剞刻，将竹与人分离，真正做到了七贤活动在竹林中。从这点看，顾珏的《竹林七贤图》比其他竹人的同类作品要高出许多。

这件作品有几个关系处理得很好：

一是人物动静。七贤或抚琴、听琴，或饮酒对酌，或仰卧赏画，或姗姗来迟，姿态各异，动静映照，使画面活泼，充满生气。几个童仆，有伫立一旁听候差遣的，有蹲着烹茶的，还有替主人背毡毯的，起到烘托作用。

二是线条刚柔。山石运用斧劈皴，寥寥几刀，都是方折直线，凸现刚性，而溪水潺潺用曲线表示，柔性十足。刚柔相济，生动多趣。

三是运刀深浅。为营造竹林深邃氛围，他深刻至六七层，近处则浅浅运刀，这样层次分明，深浅得当，七贤活动其中只觉得疏朗有序，而没有逼仄之感。

四是布局疏密。整件作品人物安排右上角密，左上角疏；松针疏，竹叶密。疏密相间，意蕴深长。

有人评价这件作品："构图严谨有如成竹在胸，刀法之精绝，尤以镂空挑出竹枝，更显竹林之深远，匠心独运，不愧为康熙时期一代名工。"

顾珏获得如此高的赞誉，原因不外乎有以下几点：学养深厚，对七贤的性格、喜好、行为理解；想象力丰富；运筹经营的超凡能力；一丝不苟的刀工。

说起想象力丰富，从他的其他创作可见一斑。他曾用檀香、黄杨木仿灵

竹刻笔筒鉴赏
精益求精的顾珏

璧、英州石的纹路制成奇峰,做成盆景,真有山高月小、水落石出的韵味。

顾珏,字宗玉,嘉定人,生卒年月不详,活动在清康熙时期。《竹人录》称他"刻露精深,细入毫发,一器必经一二载始成,不袭前人窠臼而能独立门庭"。

除《竹林七贤图》笔筒,他还曾缩刻李昭道的《栈道图》,笔筒上老树危桥,悬崖绝涧,几十层的转折层次,深邃险绝,彰显他运刀细巧灵活多变,是一般竹人望尘莫及的。

上海博物馆藏有他刻的大型根雕《群仙祝寿图》,几十位各路神仙从天上、水路、陆地进发去为王母祝寿。人物姿态各异,飞禽走兽灵动多趣……这件作品场面宏大,雕刻精细奇巧,也是他的代表作之一。

由于他精雕细刻声名卓著,加之作品稀少,所以2005年春,他的一件竹刻笔筒在香港佳士得拍出了1045万港币的高价。

顾珏与吴之璠、周芷岩、张希黄几乎是同时代,属于清初期的竹人。或许在题材、刀法方面顾珏的创新思维不如他仨,但他在精雕细镂方面发挥到极致,其实也是一种创造。他与他仨一样,用自己的创作彰显了精益求精的"工匠精神",在竹刻艺术史书写了精彩的一页。

(图片由"集宝"授权使用)

竹刻笔筒鉴赏
金陵派竹刻又一人——潘西凤

金陵派竹刻又一人——潘西凤

竹刻艺术发展到清初，竹人不再局限于嘉定，一些外乡人也刻竹不止，其中最典型的就是潘西凤。

潘西凤（1736—1795），字桐冈，号老桐，浙江新昌人。为王澍弟子，他见识高远卓越，曾为大将军年羹尧幕僚，帮年整理内务，井井有条，曾多次向年献利国利民之计。年刚愎自用，拒不采纳，潘老桐拂衣而去，落脚扬州，以

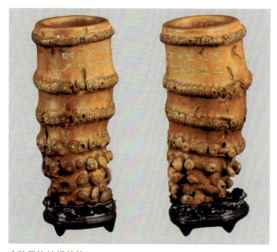

金陵风格竹根笔筒

竹刻笔筒鉴赏

金陵派竹刻又一人——潘西凤

刻竹鬻艺为生。郑板桥誉他为"濮阳仲谦以后一人","濮略刮磨之即巧夺天工"。潘亦做到了这点,现试看他刻的竹根笔筒:

竹根数节,根须底部尚存,长短不一,饶有风趣,两处虫蛀之间阴刻隶书铭文:"虚其心,坚其节,供我文房,与共朝夕。"落款"老桐"。此笔筒未经雕琢,仅口沿、根须打磨,刻上近二十个字,显得拙朴清雅可爱,浑然天成。

似濮仲谦风格的作品还有:取一段畸形卷竹,虽虫蛀斑痕全然不顾,阴刻隶书铭文:"物以不器乃成材,不材之材君子哉。"铭文意味深长,如有庄子道隐之意,这样不加雕饰与众不同的臂搁岂不令人爱不释手?

金西厓在《刻竹小言》中说:"潘老桐得濮法之神,又兼工浅雕深刻,皆冠绝当时,又垂法后世。"从存世的作品看,确实如此。最著名的就数摹刻《十七帖》,精妙无比。上有书法家翁方纲的跋,嘉庆时收入内府,成为皇家收藏,后战乱又流入民间。金西厓还见过一柄湘妃竹扇骨,郑板桥就斑点作梅花数朵,以瘦枝连缀,老桐用浅刻刻出。疏影横斜,暗香浮动,极其精致,款识:老桐刻竹,板桥画梅。

老桐还自绘自刻梅花臂搁,也用浅刻。花瓣圆润与枝干稚拙互为映照,刀工精准精细,此件为上海藏家李锡卿先生所藏。

另一件《竹石菊花图》笔筒,用留青法刻出。湖石嶙峋瘦透,菊花曼妙多姿,嫩竹劲挺,三者相映成趣。湖石孔内有孔,菊叶竹叶筋络清晰,菊花层层叠叠,显示了老桐运刀娴熟,得心应手。款识阴刻:"雍正四年春,天台天姥山樵老桐潘西凤制",篆书白文印"西凤"。作品清幽雅逸,不愧是精品,由上海博物馆收藏。上博还藏有他临摹浅刻恽寿平的梅花笔筒。

清初扬州艺苑荟萃了众多杰出的书画家,老桐与他们极其亲密,常常合作以抒情谊。一件寿星臂搁合作于雍正五年(1727),由黄慎(瘿瓢)画,李鱓(复堂)题,西凤刻。这一年老桐还与蔡嘉(归堂)、汪宏(药溪)、朱冕(老匏)合作了诗书画俱全的紫檀笔筒。

竹刻笔筒鉴赏

金陵派竹刻又一人——潘西凤

还有一件用嘉定古法的《秋声赋》笔筒,金西厓认为是老桐"最见功力者",而其外甥王世襄则认为题款字迹与老桐不符,是伪寄款。舅甥意见相左,莫衷一是,作为后人,我们姑且听之,做个参考。

为谋稻粱老桐不限于刻竹,还刻象牙。他曾为杭州圣因寺大恒禅师刻象牙臂搁,正面是达摩,反面是梅花,款刻隶书:"二树写梅,桐冈为大恒禅师制。"画由童钰(二树)作。

老桐蔑视权贵,淡泊自守,以刻竹自食其力,在扬州艺苑赢得了尊重和友谊。郑板桥写长诗赠他:

读书必欲读五车,胸中撑塞如乱麻。
作文必欲法前古,婢学夫人徒自苦。
吾曹笔阵凌云烟,扫空氛翳铺青天。
一行两行书数字,南箕北斗排星躔。
有时滴墨娇且妍,晓花浮露春风鲜。
画眉女郎年十四,欲折不折心相怜。
斩龙杀虎提龙泉,定情温细桃花笺。
萧萧落落自千古,先生信是人中仙。
天公曲意来缚执,困倒扬州如束湿。
空将花鸟媚屠沽,独遣愁魔陷英特。
志亦不能为之抑,气亦不能为之塞。
十千沽酒醉平山,便拉欧苏共歌泣。
君不见迷楼隋帝最荒淫,千秋犹占烟花国。
名姬百俳试琵琶,骏马千金买鞍勒!
丈夫得志会有时,人生意气何终极。
扬州四月嫩晴天,且买樱笋鲥鱼相唼食。

诗中半是揶揄,半是赞扬,既有鼓励,又有宽慰,说明两人非常亲密。后又有诗咏他:

竹刻笔筒鉴赏

金陵派竹刻又一人——潘西凤

年年为恨诗书累,处处逢人劝读书。

试看潘郎精刻竹,胸无万卷待何如!

因为刻竹、爱竹,老桐还用竹制成其他器物。如有一次游浙东黄岗岭,见一奇竹,斫取做成古琴;缺少徽柱,就用竹根须代替,抚弦弹奏居然音色清越悦耳。他还用竹根截成印章,镌刻赠送亲友。

综上所述,潘老桐是一位正直耿介、学养深厚,具有多方面才能的竹人,在竹刻史中占有重要地位。

(图片由广州民间工艺博物馆授权使用)

竹刻笔筒鉴赏
不循常例的封锡爵

不循常例的封锡爵

清初至中期,嘉定竹刻题材日趋丰富,刀法也日益完备,竹人喜欢在臂搁或笔筒上用陷地浅刻或深刻白菜。白菜谐音"百财",有百财聚来之愿;又因其青白二色,寓"清白传家"之意,深受人们钟爱。

有一位竹人却不循常例,选取竹根,采用圆雕法刻出《白菜》笔筒,他就是封家老大——锡爵。

这是一棵秋季茁壮成长的大白菜,如果不说破,怎么会想到这是用竹根雕成的!自然逼真,生气勃勃,叶上筋脉清晰,叶边曲折翻卷,叶与叶交叉重叠,没有一丝生涩、牵强,不光形似,

《白菜》笔筒

竹刻笔筒鉴赏
不循常例的封锡爵

还形神兼备。不得不佩服他构思精巧，绘稿精准和运刀圆润劲健爽利。封毓秀为族兄锡禄诗云："模仿擅独绝，智勇莫能争。"金西厓说："所谓模仿，乃谓模仿现实之写生，而非模拟前人之成器也。"其实这些话用在锡爵身上也适用。如果没有细致观察，对实物的多次写生，做到烂熟于心，是不可能雕出如此生动的《白菜》笔筒的。

不同于浅浮雕、薄地阳文、陷地深刻等讲究章法，要处理疏密、主次、虚实等关系，仿生圆雕追求的是栩栩如生，意蕴深厚，故这件作品可从两方面来欣赏。

一是题材新颖，立意深邃。作者以白菜清清白白自勉自比，抒发了自己的高洁情怀。

二是刀法精湛，技艺超群。白菜比例适中，造型逼真。运刀多一刀则瘦，少一刀则胖，洗练不失细致，显示了作者扎实的造型功力和娴熟的雕刻技能，刀法能与三松比肩。

封锡爵之所以能取得优异的成绩，皆因他占尽了天时地利人和。

封锡爵字晋侯，居嘉定城南，活动期在清康熙、雍正年间。祖上纲奄先生工诗善书，是有名的文人雅士，地方志有记载。过后诗书传家，家庭书香浓郁，不断有擅书能画的子弟闻名于本邑。封锡爵成长于这样的氛围中，从小喜书画。天资聪颖加上勤奋，少年时所作书画常有新意而令人赞不绝口。其时嘉定竹刻已趋鼎盛之势。练祁镇开设了诸多作坊，加工销售竹刻。清赵昕的《竹笔尊赋》序称："疁城以竹刻名……镂法原本朱三松氏。朱去今未百年，争相模拟，资给衣馈，遂与物产并著。"就是说众多竹人以刻竹谋生糊口，形成了产业。锡爵经常来回于坊间，心有所动，欲刻竹自娱。但他心高气傲，认为坊间竹刻参差不齐，没几件能看得入眼的。

有一天他父亲带他参加雅集。雅好书画的人展示了自己的作品后，一位世伯小心翼翼捧出了一件竹刻："嘿，看我带来了什么！"马上有人惊叫起来："三松的，这可是稀罕物！"传递到锡爵手上，只见竹根圆雕"荷叶水盏"取

竹刻笔筒鉴赏

不循常例的封锡爵

深秋荷叶为形，叶边卷曲，蛀洞二三。叶内脉凹陷，叶背筋微凸，旁侧凹处伏一小蟹，仿佛欲爬行，似能听到郭索之声。底部茎梗伸出荷花一朵，蕊中莲蓬已成……一切无不逼真，趣味无穷，底款：三松制。

锡爵只感到震撼，雕镂如此，可称绝技，他心底暗暗称赞，由此萌生了学三松仿生圆雕一路的想法。

锡爵是个极有主见的人。他深知圆雕成功与否，关键在绘稿。于是他带上墨盒、毛笔和纸，去池塘边、花圃、菜地写生，画荷花、牡丹、芍药和菜蔬、瓜果等。为刻好《白菜》笔筒，他不顾深秋凉意，多次去画白菜，直到绘稿满意为止。

入冬，他到浙江山区寻访粗壮结实的竹根。如有合意的就请山民刨出，就地将根须削去。同时心中琢磨起雕刻内容。等他将竹根运回家，如何刻，刻什么，盘算得也差不多了。就此他开始了设计、凿坯、精雕的艰苦刻竹。由于他观察细致，写生功夫了得，加上本身的灵气，所以无论是果蔬虫卉小品，还是动物摆件，皆栩栩如生、气韵灵动。

受长兄影响，弟锡禄、锡璋也刻起竹根圆雕来，成为圆雕三鼎足。

锡禄主攻人物，金元钰在《竹人录》中评价极高："吾曏竹根人物，盛于封氏，而精于义侯（锡禄）……"锡璋除圆雕人物，还擅浅浮雕。名声传到京城，锡禄、锡璋奉召去养心殿造办处，成了御用艺人。

锡爵生性散淡，宁愿在家闲居，过着与世无争的生活。兴致来了，就专注创作；心情不佳就作诗绘画，排解烦闷，所以锡爵传世作品不多。加上他与三松的圆雕风格相近，有人将他款识剡去，伪托三松款，使之作品更少。《竹人录》称他"其品之洁，而艺之超也"。

由于封锡爵不甘于平庸，竹刻中的圆雕风生水起，给后人展现了清初、中期竹刻的别样风神。

本文介绍的《白菜》笔筒现藏于北京故宫博物院。

（图片由故宫博物院授权使用）

竹刻笔筒鉴赏
迎难而上的王梅邻

迎难而上的王梅邻

嘉定竹刻兴盛时期，一家数人参与其中的比比皆是，甚至出现代代相传的竹刻世家，如封家、沈家、时家。今天介绍的王梅邻也出生在竹刻世家。

王梅邻的曾祖父王之羽的岳父家与吴之璠是邻居，他经常住在岳父家，每天到吴家去学刻竹，得到吴的秘传，后成一位竹刻名家。王之羽的儿子王质，继承了父亲的技艺和风格，又将一切传授给儿子王玘。王梅邻是王玘的侄子，从小耳濡目染，弱冠之年师从伯父学艺。

生活在这样的家庭，得尽先天之利，加上后天勤奋学习，传统文化底蕴深厚，王梅邻的作品书卷气浓厚，意蕴清雅深邃，在竹刻史上占有一席之地。

王梅邻，名恒，字仲文、茂林，号梅邻、筠谷，以号行。生卒年月不详，活动于清嘉庆、道光年间。

清中期竹刻题材十分丰富，有文人轶事、神话传说、仕女、花卉、僧侣、界画等。王梅邻秉承朱小松的创作理念，独出冷门，以大文豪欧阳修的佳文《秋声赋》为题雕刻笔筒。

这是一种迎难而上的选择。

难就难在它是历史名篇，得有满腹诗书才拿捏得准。俗话说："有了金刚钻才揽瓷器活"，属于"绣花枕头"的竹人还真不敢揽这活。

难就难在要将有节奏、绘声绘色的文学语言变成能忠实、准确传递原意的

竹刻笔筒鉴赏
迎难而上的王梅邻

静止画面。文字大段描写可以用夸张、比拟、烘托、象形等手法来为主题服务，而画面却只有一幅，这就需要深刻领会文章意蕴，善于概括集中。还有难，就是文中虽说是欧公夜读，点明了时间，地点也可推理为书斋，但环境如何、陈设几许都语焉不详，这就需要合理的想象，将虚拟变成写实。王梅邻以超凡的功力将难点一一化解。

一是文中秋声阵阵，画面虽无声，他通过树梢倾斜、竹枝摇曳等有形动作，昭示风势"奔腾而澎湃"；前景两棵乔木叶子稀少，云层稀薄、山石枯秃，示意"秋之为状也，其色惨淡，烟霏云敛，其容清明，天高日晶，其气栗冽，砭人肌骨，其意萧条，山川寂寥"。

二是秋声阵阵，虽惊扰了欧公读书，使他心中掀起微澜，但王梅邻设计将欧公端坐书斋窗边，镇静如磐石，显示他历经狂风骤雨岿然不动的本色，与涉世不深，略显不安在门口张望的童仆形成鲜明对比。隐喻一老一少对秋声的不同感受。

三是王梅邻将构思设计的平面效果图移至竹筒之上，运用深浮雕把它雕刻出来。运用层叠掩映法刻至五层。尽管壁厚有限，在他刀下却庭院深邃，山石、树竹、屋宇错落。欧公夜读、倾听秋声有感而发的景象跃然竹上。

朱小松将《归去来辞》文学名篇刻成笔筒，王梅邻的《秋声赋》笔筒与小松一脉相承。更胜一筹的是王梅邻在笔筒背面用阴刻法刻录了"赋"中精彩的"秋声"，比拟画面难表达部分，这样安排足见他匠心独运。画面配上文字，相得益彰，凸现了作品的主题。

金西厓在《刻竹小言》中说："世人每谓刻书易而刻画难，实则刻书难于刻画，何止倍蓰？刻画稍有舛误，尚可修补掩饰，刻书则必须全神贯注，不容有一刀走失也。"王梅邻擅长的就是刻书。《竹人录》称他"工刻小楷"。且看他刻《秋声赋》节录，字距疏朗规整，字迹秀丽俊雅，每个字提按顿挫，字与字顾盼牵曳，一笔不苟，大有"飘如游云，矫若惊龙"之姿。整篇气韵贯通流畅，逸趣充溢。这说明他青少年时期受过严格的传统文化训练，在书法上

竹刻笔筒鉴赏
迎难而上的王梅邻

《秋声赋》笔筒

下过苦功,于书道有很深的造诣,也说明他刻工了得,坐得住,能入静,心无旁骛运刀,将书法韵味在竹筒上表现出来。落款:嘉庆十六年,岁次辛未(1811)清和既望,节录欧阳公《秋声赋》于间云自怡之斋,梅邻王恒书并制。篆书印"王恒""仲文"二枚。此笔筒曾为叶恭绰先生收藏。上海博物馆出版的《竹镂文心》还刊登了他刻的《洛神赋》臂搁照片。作品正面《洛神赋》书写秀雅清丽,背面浅刻图画。画中宓妃造型婀娜轻盈,"纤秾得中,修短合度",神情"徙倚彷徨,神光离合",将原作的韵味表现得淋漓尽致。这是他以文学名篇所刻的又一佳作。

21世纪开始,陆续有拍卖行拍卖王梅邻的作品。曾有图录登载他的竹臂搁照片,阴刻行楷明代公安派袁宏道的《春游西湖》,字迹端庄清雅,韵味浓郁,起拍价15至25万元。

竹刻笔筒鉴赏
迎难而上的王梅邻

　　金西厓说竹刻"……清前期之繁绮多姿，嬗变为清后期之平浅单一。以雕刻再现书画，实为后期变化之主要因素"。王梅邻正处在这嬗变过渡中。从他的《秋声赋》《洛神赋》，再到《春游西湖》，不是能看出嬗变的轨迹？

（图片由"集宝"授权使用）

竹刻笔筒鉴赏
为美人写照的庄绶纶

为美人写照的庄绶纶

三松之后，嘉定涌现了不少视野开阔、构思新颖、技艺精湛的竹人，庄绶纶即是其中一位。

《山水人物图》笔筒

庄绶纶，字印若，生卒年月不详，活动期约在清乾隆、嘉庆年间。他出身书香门第，从小受到良好教育，钟爱绘画，家中所藏历代名画，无论长卷、册页都一一默写过。他天资聪颖，每每默写，便有所心得。时间长了，对"六法"的理解渐深，构图经营运筹得心应手。本文介绍的《山水人物图》笔筒就可见识他的匠心独运。

这件作品是运用朱氏高浮雕的典型，深至五六层。与吴之璠集中精力刻一事一物于某个局部不同，他用的是"满功"。粗一

竹刻笔筒鉴赏
为美人写照的庄绶纶

看画面密密匝匝，仔细瞧却疏密得当，主次分明，刚柔相济，虚实相间。不能不佩服他的绘画功底非同寻常。

作品中运刀有几处真叫人称绝：画面中几棵树干脱离背景而呈圆雕，特别是右上角一小松树，这需要将树干背后掏空，这是何等细致的活！他对"掩映层叠法"的运用，可谓到了极致。树与山石，树与房屋，树与云朵，山石与人物再与长窗，山石与竹丛，人物与布幔以及左下角两个仕女，甚至中上部的梧桐树交叉的树枝，都层叠掩映，这样加强了景深，使景物有机联系，和谐地统一在画面中。

《仕女共读图》笔筒拓片

作品中深雕浅刻，各显其妙。大刀阔斧，寥寥几刀，这是山石；缜密整齐，浅尝辄止，这是琉璃瓦和檐下顶棚；柔和回旋，绵延不绝，这是云和溪水……由此可以看出他运刀娴熟、精巧、一丝不苟。

常见山水人物画，以山水为主，点缀一两个高士，或策杖而行，或端坐对弈，给人以空灵、超逸、静谧的感觉。庄绶纶的笔筒内容反其道而行之，人物竟有七个，加上一条狗，透露出俗世间的喧闹、平实、祥和气氛。七人神态各异。拎篮女子身后的女子扭头在呼唤，两男子侧身注视着，左下角边缘有二女子正在走来……他们互相呼应，说明关系密切，与高士的孤傲截然相反。这种生活气息浓厚的场景，内心枯槁如井的人是设计不出的，只有热爱生活，技艺高超的竹人才能创作出来。

庄绶纶，清中期著名竹刻家，擅长圆雕、透雕，用刀若潘老桐风格，以书画笔法化为刀法，是同期竹人中的佼佼者。

竹刻笔筒鉴赏
为美人写照的庄绶纶

《竹人录》称他"年四十余不娶,绝无艳冶之好"。

从他大部分作品看,窃以为他是个复杂的矛盾体。表面上他不近女色,内心却希望有异性陪伴。或许曾有心爱之人离他远去,他要坚守曾经的誓言,就关闭了婚姻大门。作为正常人,感情总要宣泄,于是就把一腔热情倾注在作品中的女性身上,"周昉、仇英所绘,皆其粉本"。刀尖凝聚了他的深情,深刻浅雕,疾行缓走,游刃之间,美人呼之欲出,"雾鬓云鬟,蜂腰秀削,黛痕一蹙,更阿堵传神"。而他也仿佛陶醉在温柔乡中,心理得到了极大满足。

因为庄绶纶与众不同的人生经历和执拗秉性,给后人留下了与其他竹人不同的作品,如《四美人图》《杨妃春睡图》《红叶题诗图》等香筒。本文介绍的《人物山水图》笔筒,女性形象比男性形象更生动有趣,这恐怕也是"美人情结"使然吧。

(图片由"集宝"授权使用,拓片由宁波博物馆授权使用)

竹刻笔筒鉴赏
独辟蹊径的张希黄

独辟蹊径的张希黄

留青刻法唐代就有，现存此刻法的实物是一件乐器，叫"尺八"，由当时文化交流传到日本，现藏于正仓院，张希黄肯定没看到，所以现在都称张希黄创造了留青刻法。唐代尺八上的留青为全留，希黄根据画意决定全留、多留、少留或不留，使之如墨分五色般呈现浓淡深浅，枯涩燥润。

与朱氏祖孙、濮仲谦的作品比较，张希黄的留青作品面目一新。

一是手法新。他以竹肌为底，利用青筠与之的色差来表现绘画、书法。二是内容新。他首先将界画植入画面，拓展了竹刻题材。三是构图新。画面上题诗一首，点明画意。诗画结合，使作品更完整，亦更具书卷气。

有一件笔筒主景楼阁巍峨壮丽，屋

《楼阁山水图》笔筒

竹刻笔筒鉴赏
独辟蹊径的张希黄

顶交叉重叠，重檐斗拱，瓮瓦、栏槛、窗棂及卷棚水殿、人物等交代清楚，全靠留青线条表现。近景柳树几棵，树干伸展斜倚，姿态各异。树根、树身的扭曲和节疤细致清晰，十分逼真；又在预留的青筠上划出柳条柳叶；土坡山石以用刀的轻重变化分出层叠之妙；若有若无，呈现晕染状的青筠表现水面倒影……运刀甚为老到。

上面行书题诗一首："层叠楼台渺渺间，窗开四面碧波闲。月明应识吹箫处，时有仙人得往还。"落款张希黄，篆印（阳文）张宗略（阳文）希黄。据说此作品现藏美国波士顿美术馆。

张希黄还创作了《南窗遐观图》笔筒，上题《归去来辞》一段。中景刻住宅几间，陶渊明临窗眺望，一孤松想必经常抚摸。近景山石林立，杂树丛生，远景南山崔嵬。

整幅画面远近山石势取方折，青筠少留，再用尖刀剔点，表现杂草苔藓。

此幅作品用刻、刮、剔、铲等刀法将阴阳凹凸、远近深浅表现得妥帖细致，完美地体现了作者的意匠，现藏于上海博物馆。

《楼阁山水图》笔筒拓片

竹刻笔筒鉴赏
独辟蹊径的张希黄

除笔筒，他还刻臂搁。一臂搁上面刻山水楼阁，楼阁仍为界画，用留青线条表现；山峰以皴的笔法来定多留或少留。云岚将山峰隔断，或浓或淡，缥缈舒卷，将留青之妙表现得淋漓尽致。下方有水村、渔庄、蟹舍，掩映在垂杨与芦荻之中，炊烟袅袅，若有若无，几个人物点缀其中，增添了无限生机，这一切都由留青雕刻而成，精细绝伦。落款"希黄子"，阳文仿赵孟𫖯体，印章有朱白文各一。臂搁长35厘米，阔13厘米左右。

他还曾在放挖耳工具的竹筒上刻一渔翁在起竿，吊钩上有小鱼一尾在挣扎，极为生动，渔翁腰间系一鱼篓，旁刻"风约约，雨霏霏，无数蜻蜓立钓丝"。落款"希黄子"，附两朱白印，用的也是留青刀法。

张希黄与朱松邻、濮仲谦一样，是开派立宗的代表人物。他对留青运刀做了开创性探索，让竹刻艺术之花绽放得更加绚丽多彩。

张希黄，名宗略，生卒年月不详，活动在明崇祯末至清顺治、康熙年间。金西厓说他是江阴人，故《竹人录》没他，只有徐康《前尘梦影录》简略记录了他的成就。

笔者试图从他的成就还原他的从艺经历。

张希黄生于书香门第，家境殷实，父亲能书会画。希黄从小熟读子集经史，还在父亲督促下研习丹青之道。明末读书人热衷篆刻，希黄也不例外，他心追秦汉古印，又尽力搜集印谱。一次他搜集到了张灏编辑的《承清馆印谱》，谱内有文彭、何震、苏宣等晚明名家刻印。他欣喜万分就摹刻不止，直至烂熟于心。从他留青作品中留下姓名章可见他的功力不一般。临池他从柳颜欧虞着手，进而临赵孟𫖯的字。他最喜欢的是赵写的《归去来辞》，这帖不知临了多少回，以至徐康在《前尘梦影录》中说他的字颇有赵孟𫖯的韵味。绘画先由父亲传授，然后临摹家藏的马远、夏圭、郭待诏、郭熙的作品。郭待诏的界画引起了他的兴趣，他着实花了一番功夫摹写。

弱冠之年，他遵父命外出游历，当来到江南文化、经济中心——苏州，此时正值竹刻大行其道之际，"笔筒界尺制精幽，竹玩而今满虎丘"。他感到新

竹刻笔筒鉴赏
独辟蹊径的张希黄

奇，反复观摩，产生了要尝试的念头。他买了一件竹刻臂搁，采购了若干上好竹筒，回家研究试刻起来。

半个多月后，一只濮仲谦风格的笔筒完成了。他拿在手里左瞧右看，不甚满意：没新意，刀法是仿的，题材亦成俗套。

张希黄是一个勇于进取、不肯墨守成规的人，他明白自己以前描摹前人的优秀作品，并不是学会"依样画葫芦"就算了事，他孜孜以求为的是日后能有焕然一新的面目。如何能出新呢？他苦思冥想，茶饭不思。一日他忽然想到当初在竹坯上刮去青筠，青筠若有若无时，像极了宣纸上的晕染。何不在青筠上施刀，而要雕刻竹肌呢？这灵光一现击中了他，使他变得亢奋起来，马上在青筠上试刻。

他先绘兰竹，后用刀背贴着轮廓轻轻刻画。成型后将多余部分刮去，直至竹肌。他又根据叶子的俯仰欹侧略微施刀。这样青筠与竹肌之间的色差，形成了立体画面。过后他又试刻山水，他特别要试出云岚缥缈、倒影虚晃的感觉。由简至繁，青筠全留、多留、少留、不留完全视画意而定。试刻次数多了，他运刀越来越娴熟，效果也越来越好，最后将熟悉的界画刻在青筠之上。

当他手捧刻有巍峨宫殿的笔筒，回忆起在苏州虎丘看到的众多竹刻时，认为自己在题材、刻法方面突破了既有藩篱，称得上别具一格。此时，成功的喜悦充溢心田，温暖着因时局动荡而沉于冰冷的身躯。

其间他经历了从明末遗民到大清顺民的痛苦转身。他本来就淡薄功名，听说了清兵"扬州十日""嘉定三屠"之后，更坚定了学陶靖节隐居故里，以刻竹自娱的信心。他在家潜心刻留青，"倚南窗以寄傲，眄庭柯以怡颜"。

由于张希黄不甘平庸，不懈探索，成就了留青刻这一新的门类，为竹刻艺术史增添了灿烂的一页。

（《楼阁山水图》笔筒图片、拓片由上海博物馆授权使用）

竹刻笔筒鉴赏
师承鲁珍的朱文右

师承鲁珍的朱文右

因市场需求的刺激,嘉定出现了学刻竹的热潮。一些爱好书画的读书人,本来对科考不抱希望,就拜朱三松为师,学构图、习刀法,沉醉于深雕浅刻之中,如秦一爵、沈汉川、沈大生、吴之璠等,也有不循常例,另起炉灶,如封锡爵兄弟几个以竹根圆雕见长。后来封锡禄、封锡璋因技艺出众被召进京,到造办处赚取俸银,更是起到了示范作用。各乡镇,如新泾里、黄歇渡、南翔,甚至外地寓居者都有人赴三松住地清镜塘或练祁镇的竹刻作坊观摩,学竹刻。朱文右就是这股热潮中的一位。

朱文右出身于耕读人家,家境殷实,父亲喜欢画画,广交画友,在当地小有名气。朱文右受父亲影响,从小爱好涂鸦。少年时期父亲安排他读经史子集,闲暇就临摹张萱、周昉、刘松年、李昭道及陈老莲、唐寅的仕女山水,他颇得这些前贤的笔墨精神。及冠之年面临职业选择,那时封家弟兄在京为皇上刻竹传得神乎其神,朱文右受影响,要求学刻竹,于是就拜竹艺最精的吴之璠为师。

吴之璠见朱文右聪明伶俐,悟性强,欣然同意。此举也使吴的妻子和女儿暗自高兴。因朱文右长得眉清目秀,甚使人怜爱。

吴之璠嘱朱文右继续摹古画临帖,并指导他学构图,独立画稿,最后才教他运刀镌刻。几年学徒生涯,朱文右十分勤快,老师布置的作业按期完成,还

竹刻笔筒鉴赏
师承鲁珍的朱文右

帮师母打理家务,这自然赢得了吴之璠女儿的芳心。

朱文右满师之日亦是订婚之时,他获得了人生的两大丰收。金西厓在《刻竹小言》中说:"受鲁珍嫡传者有其婿朱文右,或作文右,号筠斋。"由此,他的作品不可避免带有翁丈的烙印,最显著的要数《二乔读书图》笔筒。吴之璠也曾刻过这一题材。

《二乔读书图》笔筒

"二乔"是三国时期乔国公的两个女儿,大乔嫁孙坚,小乔嫁周瑜。苏东坡《念奴娇·赤壁怀古》提到"小乔出嫁了"即是此。两人有沉鱼落雁、闭花羞月之貌。然"二乔"并不单以貌著名,而在于她俩好学、满腹诗书为人称道。吴、朱翁婿都撷取她俩读书互相探讨的场景。内容相同,意境相同。有趣的是吴之璠用的刀法是乃师三松的高浮雕,朱文右用的是乃师发明的"薄地阳文"刀法。各自都以老师的刀法创作同一题材的作品,恐怕是显示自己有所师承吧。

朱文右并没照抄老师的构图设计,而是作了改动,使之更趋合理,可谓是同中有异。不同处如下:

吴之璠作品中,大乔坐在树瘿椅上,架起二郎腿,一手托腮,一手指着书,正在朗诵曹子建的《洛神赋》。小乔坐榻上,一腿曲,一腿舒展,一手持扇,一手撑榻,稍俯首侧听,两人互动,画面洋溢亲密和谐气氛。朱文右删繁就简,大乔坐凳上,两腿一前一后,一手托书,一手指着书,似乎读到了"翩若惊鸿,婉若游龙"等精彩描写,正指给妹子看。小乔偏坐在榻上,一手撑榻,支撑着身体重心,一手抚腿,面带笑容,好像陶醉在子建与宓妃相遇的飘

竹刻笔筒鉴赏
师承鲁珍的朱文右

渺意境中。朱文右营造的读赋气氛同样生动活泼，只是人物动作幅度更大些，效果也就比老师更强烈些。

吴之璠作品中，大小乔头部一高一低，朱文右处理为两人头部并排，靠得更近，显示两人互动更融洽，关系更亲密。

吴之璠作品是高浮雕，所以脸部、发髻及肢体比较丰满，立体感强；朱文右用"薄地阳文"，五官、肢体及衣褶多用阴刻线条来表示，起伏不大，效果却相当好，特别是两人衣袖及飘带和裙裾，寥寥几刀，非常到位。看得出朱文右深得翁丈"薄地阳文"的精髓。

经过比较，可以说朱文右继承了翁丈的创作理念和技法，即使有现成的样子，他也不一味模仿，而是在翁丈的基础上，重新创作。香港出版的《虚心傲节》一书对他做了很高评价："朱文右，号筠斋，康熙年间嘉定著名雕刻家，吴鲁珍之婿，得吴氏指教，传承吴氏竹刻技法。颇能传其技法，传世佳作有《合鞋瓣》竹笔筒一件。构图有唐代李昭道风格。他最擅长的是利用留青浅浮雕技法刻远山、树石、山水人物、楼阁亭台等景物，将雕刻与绘画融为一体。他的雕刻技法奇妙、高超，在薄薄的竹皮上，却能分出几个层次。远山流云所用的竹青，淡淡如雾，似断似连，如烟云缥缈；近景人物、山石、楼阁、亭台，却又能根据其所在位置采取相应的技巧。景物近处直接用竹表层的青皮，稍远处则采用表层下的青皮，由深入浅分出层次渐渐刻绘。浅浅的一层青皮，在他的刻绘下，产生多层次的立体感。看他的竹刻，犹如观赏一幅精绘的图画，如树叶为夹叶，柳条做柔练，山石用细皴等，严谨的楼阁及险峻重叠的峰峦，在他运刀如笔的刻画下，线条纤巧流畅，显示出高深的技巧及独特的雕刻风格，成为留青技法的典范。"

这段话看似头头是道，其实差矣！朱文右擅长的是"薄地阳文"，即浅浮雕。留青由张希黄首创，其时尚在完善中。因张不是嘉定人，留青刻还没在嘉定流传。《竹人录》说："朱文右，嘉定人，得妇翁吴之璠指授，能传其刻竹之艺。"吴之璠是"薄地阳文"首创者，《竹人录》没说他会"留青"，因

竹刻笔筒鉴赏
师承鲁珍的朱文右

此朱文右"传其刻竹之艺"只能是"薄地阳文"或圆雕、深浮雕。若是有人见到落"朱文右"款的留青作品，必定是伪寄款。所以以上这段话中对他刻"留青"的描述，是弄错了对象。朱文右活动在清前期，"留青"刻要清后期才流传开来，并出了个名家"尚勋"，这才符合金西厓在《刻竹小言》中所说竹刻"清后期之平浅单一"的特征。

名师亲授加上自身聪明勤奋，朱文右的竹艺与周芷岩、潘老桐等人相比稍逊，但也以能传老师衣钵而著称艺坛，在竹刻史上占一席之地。他雕刻的和合莲瓣笔筒原由《竹人续录》作者褚德彝收藏，褚去世后，转由秦彦冲收藏。"文革"初，秦的藏品被抄，后发还，由其子捐赠给宁波"天一阁"博物馆，估计此笔筒亦在其中。

（图片由上海博物馆授权使用）

竹刻笔筒鉴赏
又一位迎难而上的竹人——马国珍

又一位迎难而上的竹人——马国珍

　　明末清初，直至清中期，嘉定竹人从文坛轶闻、传世名篇、历史典故、神话传说中寻找灵感，创作了题材丰富的笔筒、香筒、臂搁等作品。如朱小松的《归去来辞》《刘阮入天台》、三松的《窥柬》、吴之璠的《踏雪寻梅》《东山报捷》《刘海戏蟾》、王梅邻的《秋声赋》等。他们运用超人的想象、精巧的构思、精湛的刀法，把抽象的文学描写刻画成具象的故事场景，作品思想性、文学性、艺术性俱佳，在竹刻艺术史上书写了绚丽多彩的一页。现在要介绍的是可以与以上这些大师并驾齐驱的竹人——马国珍和他的《兰亭集》笔筒。

　　公元353年春，书法家王羲之与当时名流孙统、孙绰、谢安、支遁等四十一人在绍兴兰亭聚会。众人盘坐溪边，曲水流觞，饮酒赋诗唱和，好不风雅。雅集后众人的诗作编成册，由王羲之作序。王羲之乘着诗兴，左揖右让，挥洒自如，留下了被后人称为"天下第一行书"的不朽名篇《兰亭集序》。序文采斐然，情景交融，感人至深。然而序文重感情抒发，轻场景描绘，如何将它艺术再现，给再创作者带来了极大的困难。拿《兰亭集》与《秋声赋》相比，《兰亭集》更难。难就难在：一是人物众多。《秋声赋》笔筒人物只有欧阳公及童仆两人。《兰亭集》既称"雅集"，人物不在少数，他们都是当时文学俊彦，如何展现他们各自风采，这是颇费心思的事。二是场面宏大。《秋声赋》的场景仅庭院书斋，为局部一隅，而《兰亭集》既要有兰亭，还要有曲折

竹刻笔筒鉴赏

又一位迎难而上的竹人——马国珍

的溪流，否则就不成为"曲水流觞"，更有"崇山峻岭，茂林修竹"景致，因此《兰亭集》为全景式场景。三是细节复杂。《秋声赋》笔筒刻画欧阳公端坐窗边，只露半身，童子立门前，神情、穿着、衣褶等相对较简单，而《兰亭集》有几十人，各人性格、外貌、动作、穿着、衣褶不能雷同，处理起来就较复杂。四是季节不同。《秋声赋》笔筒表现的是萧瑟的深秋，《兰亭集》是暮春。春季草木茂盛，欣欣向荣，比萧条的秋天难表现。

马国珍不愧是朱小松衣钵传人，他选取"雅集"尾声作为切入口，安排王羲之在兰亭执笔写序。三位友人在旁看他笔走龙蛇，一人与亭外呼应，溪边众人意犹未尽，仍沉浸在刚才唱和之中，各尽其态，豪放而洒脱。

马国珍创作中妥帖处理了三种关系：一是繁与简，"茂林修竹"之繁与

《兰亭集》笔筒

竹刻笔筒鉴赏

又一位迎难而上的竹人——马国珍

"崇山峻岭"之简。二是文人排坐之密与"曲水流觞"之疏。三是修竹之深与云层之浅。这样画面呈现近、中、远三景，显得层次丰富，生动有趣，把《兰亭集序》的意境完全表达出来了。

金西厓在《刻竹小言》中指出："刻竹以自家立意构思，自家打稿落墨，自家操刀运凿，书画刻出于一手为佳……他人代庖，终隔一层。且画家打稿，只能在器物表面，如刻高浅浮雕、透雕及陷地深刻等层次多而深者，画家更无从猎手。"从《兰亭集》笔筒紧凑的布局、生动的人物安排和娴熟的运刀来看，这件作品是马国珍独自一人完成，没有假借别人之手。显示了他深厚的文化艺术修养和扎实的书画功底。笔者特别佩服他驾驭复杂场面的能力。序总共327字，竟被他营造得如此具有诗情画意。

笔筒背面刻《兰亭集序》全文，书写规整，字迹飘逸，明显带有赵孟頫的韵味。镌刻爽利劲挺，均润干净。落款：戊午（1798）夏五月之上浣书于自娱山房，珂亭山人制。

马国珍，字鸣玉，号珂亭，活动期在清乾隆、嘉庆年间。《竹人录》称他"工镌花鸟、山水，又稍变邓用吉法，作折枝花草、林檎、青李、卢橘、杨梅之属，盛以碗碟，罗列案几，清闷英光，倍饶清趣，兼工缩本人物。箧边所镂《西园雅集图》《春夜宴桃李园图》，神采奕奕动人。"他不光在扇骨上刻《春夜宴桃李园图》，在笔筒上也曾刻此题材。所刻人物、山水、树木精致精细，令人叹为观止，另一面刻李白的《春夜宴桃李园》全文。又刻《林泉幽隐》香筒，也是表现文人雅逸的生活。这两件都藏于上海博物馆。

近年拍卖市场也出现他的作品，如《松阴逸兴图》笔筒，表现五位老者在松林竹丛间，或捉棋对弈，或观棋沉思，神情专注，氛围雅逸，具有很高品味。

以文学名篇或文人雅士的活动为题材，用深浅浮雕等刀法，这是马国珍竹刻的特色。

（图片由"集宝"授权使用）

与嘉定竹人比肩的邓云樵

清中期竹刻兴盛,不光嘉定人踊跃刻竹,流寓嘉定的外地人也受影响,刻起竹来,代表人物就是福建人邓孚嘉、邓士杰兄弟。他们本是画家,工山水、花卉。《竹人录》称邓孚嘉"一丘一壑,多自得趣,设色亦浑朴冲润"。这些深厚的绘画功底在他的刻竹中就发挥了作用,"所镌折枝花最为工妙,其法直起直落,枝本比附而成,重花叠叶,薄似轻云,而映带回环,秀媚精雅"。

邓云樵为邓孚嘉之子,幼承家学,除工书画、篆刻,亦精于刻竹。不过他父亲因技艺高超,被织造府某人赏识聘去,很少在家,云樵主要跟叔父学艺。

《行书出论》笔筒

竹刻笔筒鉴赏

与嘉定竹人比肩的邓云樵

邓云樵,字德璜,号云樵山人,以号行,生卒年月不详,活动期在清乾隆年间。

现介绍他刻的《春畦过雨》笔筒。

他用陷地浅刻法刻白菜两棵,菜梗挺拔,菜叶有直立有翻卷,姿态各异,显得十分精神。上刻飞虫一只,似在寻找落脚处,为画面增添了活气。白菜谐音"百财",有百财聚来之口彩,又因其青白二色,亦有"清白传家"或"清清白白"的寓意。下刻蒲公英及杂草若干,以此烘托白菜。

他的进刀比周芷岩刻《秋菘图》要深,比后来的陷地深刻白菜要浅,在不深不浅之间。这是种较难的运刀,在他完美掌控下,菜叶正反由外而至菜心,层层深入,表现得无懈可击。背面用行楷阴刻诗一首:"坐怜幽境满闲庭,长见春畦过雨青。记取苏君风味美,玉堂中夜酒初醒。"

《春畦过雨》笔筒

竹刻笔筒鉴赏

与嘉定竹人比肩的邓云樵

　　落款：庚子秋日制于晚香居，云樵，时在乾隆四十五年（1780）。字迹凝练苍劲，运刀流畅爽利，显示出极高的水平。《竹人录》称他的书法得"羊欣法"（羊欣为王献之学生）。金西厓在《刻竹小言》中说他"善刻行楷，张叔未（廷济）以为嘉定竹器刻字，乾隆朝云樵山人邓渭为最，所镌笔筒拓本，收入《清仪阁所藏古器物文》十册，书迹秀丽，嘉道时期刻字尚整饬之风，已见于此矣"。

　　邓云樵还刻过《东山报捷》笔筒。这一题材吴之璠曾用黄杨木刻成笔筒，进贡入宫内曾深得乾隆赞赏。也许邓云樵见过此作品，但他并没有一味模仿，而是重新构思，作了新的布局。运刀也不局限于一种，人物、主景用薄地阳文，背景用陷地深刻，次要的如云雾、溪水及人物衣褶用浅刻。多种刀法并用，有别于吴之璠的深浮雕。鉴于竹筒围圆大，展开等于长卷，右下角邓云樵安排两书童在松树下煮茗，来衬托主人翁的身份地位和雅好，同时填补了过于广阔的空白。报喜士兵由吴之璠所刻两人减为一人；观棋者由老者改为童子，与棋局保持一定距离，仿佛随时准备听从主人差遣。伫立在对弈者背后的仕女由三人变成两人。疏朗但不失呼应，是这件作品的特色。他利用山石斜走向和松树、山石云雾的层叠掩映，加强了景深。崖壁刻行书：乙卯夏六月，云樵邓渭。字迹飘逸秀美。圆方印各一，分别刻篆书"邓渭"。

　　如果说吴之璠的《东山报捷》主景较为集中，是为表现谢安运筹帷幄，决胜千里的大将军智慧和从容潇洒，那么邓云樵的《东山报捷》画面疏朗则是暗喻谢安的胸襟和气度。

　　因为材质不同，吴之璠的《东山报捷》雕刻细腻，人物性格刻画出神入化。邓云樵的《东山报捷》雕刻就较粗，人物刻画比较写意。不要以为他雕刻就粗糙，看了上海博物馆藏的《二仙渡江》臂搁，就知他亦有精细之作。

　　《二仙渡江》臂搁中和合二仙一坐一立于莲瓣之上，坐者执扫帚划水，立者右手执扇，左手按膝，左脚踩莲瓣边，两人似在交谈什么。脸部开相高古，表情夸张，颇有仙风。江上波涛滚滚，动感十足；天上云彩飘移。精妙处就在

竹刻笔筒鉴赏
与嘉定竹人比肩的邓云樵

云彩分了三个层次,层叠分明。整件作品采用薄地阳文、高浮雕、浅刻诸刀法,运刀十分精细。臂搁上方题:乾隆丙子中秋酒酣乘兴作此,云樵山人。圆印:邓;方印:渭。

《竹人录》称他"个性嗜酒,非极乏时不轻易奏刀"。以上题款印证了金元钰的说法。

邓云樵在题材上开拓不多,但在技法上有创新。上博藏的一件《荷花》臂搁,刻法别开生面。他视荷叶的排列次序,运用阴阳混合刀法,刻出叶瓣的层叠,这种刻法之前未曾有过,是他首创。

邓云樵,一个外乡人,落户嘉定,融入其中,创作出了众多足以比肩当地竹人的作品,说明当时竹刻有多兴旺。

(图片由上海博物馆授权使用)

竹刻笔筒鉴赏
刘起的《山水人物图》笔筒

刘起的《山水人物图》笔筒

金西厓在《刻竹小言》中说:"纵观四百余年之竹刻,可概括为由明中叶之滞拙浑朴,发展为清前期之繁绮多姿;又自清前期之繁绮多姿,嬗变为清后期之平浅单一。"今介绍的刘起正处于中期向后期的嬗变之中。他不再用朱氏的深浮雕,而采用浅浮雕表现一切。这只《上水人物图》笔筒已没有深剡至竹肌深处的地方,他以层叠掩映法,每层浅浅施刀,居然也有三到四个层次。

刘起笔筒雕刻做到了刚柔相济。山石轮廓、皴勒方折、坚挺是为刚;云岚涌动,形态圆润是为柔,两相对照,生动多趣。

他运刀阴阳相间。水波涟漪,山石皴勒,芦苇摇曳,云朵圆转,都以阴刻线条表达;松树、杂树、杂草都用阳刻,两种刀法并用,层次丰富。

船上两个人则动静相对。船夫摇橹为动,船客撑伞坐舱内为静,一动一静,趣味盎然。

刘起的高明之处还在于注重细节刻画:其一,众多松针球不在一个平面,他分出了层次,这样我们看到的树冠不是扁平的,而是立体的;其二,他不忘在松树上刻几个节疤,增加树的沧桑感;其三,用疏密有致、流畅柔和的线条来表现云朵阵阵。

他用阳文隶书做题:"满城风雨近重阳",楷书落款:"戊戌春三月仿文玉峰笔法",篆书阳文印"昌复"。这是将名家绘画化为竹刻的典型作品。

竹刻笔筒鉴赏
刘起的《山水人物图》笔筒

竹刻山水一般表现空灵、超逸的意境,或都以古代名篇为灵魂,像刘起以名家绘画为粉本,表现秋风秋雨、一腔愁绪的比较少见,这就是他与一般竹人的不同之处。

上海博物馆竹刻研究员施远先生在《竹镂文心》序论中指出:文人竹刻作品质地爽洁、造型洗练、刀法浑遒、风格古雅,浅刻以清隽为尚,深雕以苍厚为宗,富有诗歌的意境和"书卷气""金石趣"。笔者认为这件作品符合文人竹刻的特征。尽管雕刻手法处于深雕向浅刻过渡,属于不深不浅之间。

《山水人物图》笔筒

刘起,字韩忬,号昌复,晚年自署可笑老人,活动期在清康熙、雍正年间。他出身于嘉定的一个书香之家,天赋异禀,且勤奋好学,少年时完成了传统文化的学习,闲暇时学习书画,挥毫不辍,书法摹王献之、虞世南,题榜大字学朱熹。又学作诗,宗陶渊明、谢灵运。他在仕途上还算顺利,康熙二十年(1681)补博士弟子员,雍正十年(1732)入贡太学,闲来刻竹仅自娱自乐。《竹镂文心》曾刊有他刻的《梅花》臂搁,"梅枝以双勾法勾勒,极浅浮雕刻绘,水磨光滑,如平地隐起。梅花得墨梅遗韵,整幅画面颇具文人画气息"。《竹人录》称他"所刻笔筒秘阁(臂搁),行书婉丽遒逸,花卉偶一为之"。"因此,梅花臂搁当为刘起难得之竹刻花卉佳作。"其实,《山水人物图》笔筒也是他"偶一为之"的佳作。

(图片由"爱涛"授权使用)

竹刻笔筒鉴赏
留青刻的另一高手——尚勋

留青刻的另一高手——尚勋

留青刻，张希黄之后当推尚勋。

张希黄习惯取远景，以巍峨高山、浩渺湖泊、耸入云霄的宫殿、飞檐翼然的高楼，营造出磅礴高大的意境；尚勋反其道，摄近景，人物音容笑貌细致刻画，树木湖石、床榻竹席等用品一丝不苟，呈现出真实的生活场景。难说两者谁优谁劣，只能说尚勋与张希黄立场角度不同，互为补充。

现介绍他的《桐荫煮茗图》笔筒。

《桐荫煮茗图》构图明显受吴之璠影响，童叟处于中心位置。两人互动，一呼一应，起到了先声夺人的效果。除了床榻、梧桐树、湖石及炉、壶，其他一概省略，刮削露竹肌，突出了《桐荫煮茗图》这一主题。

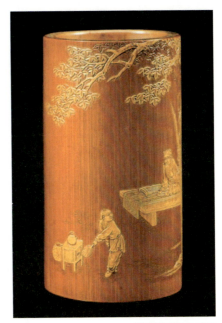

《桐荫煮茗图》笔筒

071

竹刻笔筒鉴赏

留青刻的另一高手——尚勋

《桐荫煮茗图》笔筒拓片

这件作品疏密拿捏准确,画面集中紧凑;童叟一动一静,显得生动有趣,仿佛能听到主人对童仆的呼唤。这就是尚勋的不凡之处,与张希黄的留青山水透出空灵静穆的氛围不同,他的作品给人以活泼的生活气息。

尚勋遵循"全留、多留、少留、不留"的刀法,在全留的青筠上,刀锋游走驰骋,将刀痕化作勾勒渲染,尽情地表达了内心构想。例如在衣褶处,刻刀斜刮,是谓"少留",衣服立现凸感;第三棵树树干和叶子"少留",与第一棵"全留"的树拉开了距离,分出了层次。

尚勋另两件《溪船纳凉图》《载鹿浮槎图》笔筒,"全留、多留、少留、不留"更是表现得淋漓尽致。王世襄称他悉凭竹筠竹肌色泽之殊,用深浅对比、阴阳相生之法,以写物象,而心凝刀随,竟使各尽其态,其难能实在此。若言雕法,分色层次之多,似不及张希黄,而状物之娴巧精能,则有过之而无不及。

竹刻笔筒鉴赏

留青刻的另一高手——尚勋

尚勋不光精于留青刻,也擅浅浮雕(薄地阳文)。北京故宫博物院收藏的《竹林七贤》《八骏图》笔筒就是他刻的。七贤或弈、或观、或饮、或题壁、或扶肩同行,姿态各异,性格突出。另辅之童仆五人,汲泉、烹茶、捧砚、斟酒等各司其职,场面宏大,造型生动,雕刻精细,显示了他善于驾驭全局、精于细节刻画的高超本领。可惜他犯了一器不能有两主题的大忌,背面又刻"八骏"。王世襄称这是吴之璠、周芷岩所不屑的,是艺术品与工艺品的界限。不过王老又为他辩解,"或因鬻艺糊口,为悦俗子不得已而为之,亦未可知"。

从《溪船纳凉图》等两笔筒看,一器一主题十分鲜明。笔者推测,会不会《竹林七贤》《八骏图》笔筒刻在先,后改刻留青,遇高人指点,水平得以提高,工艺品上升为艺术品?

尚勋生卒年月、籍贯都不详,王老从风格推断他活动在清嘉道年间。他的落款十分简单,最多九个字——题目、纪年加名字,有时只有名字,因此没有任何信息,工具书上没有他的条目,《竹人录》上也没记载。笔者根据他落款习惯,猜测他是个十分内敛、不喜张扬的竹人,或原为画家,因低调行事,没甚名气,为生活计改行刻竹。有着深厚绘画功底的他,悟性特强,刻竹卓然鹤立,以至于王老为此感叹:"可见刻竹家艺高而名晦者,代有其人也。"

《溪船纳凉图》笔筒藏于广州文管会,《桐荫煮茗图》《载鹿浮槎图》笔筒藏于上海博物馆。

(图片由上海博物馆授权使用)

竹刻笔筒鉴赏
文人刻竹的典范——钱大昕

文人刻竹的典范——钱大昕

金西厓在《刻竹小言》中说"纵观四百余年之竹刻，可概括为由明中叶之稚拙浑朴，发展为清前期之繁绮多姿……"但在繁绮多姿之中有一人坚守稚拙浑朴，并开"清后期之平浅单一"的先河，他就是学者文人钱大昕。

清初中期，嘉定竹刻蔚然成风，练祁镇上竹刻工坊设了不少。受此感染加上忘年交周芷岩的鼓励，钱大昕欣然操刀刻竹，调节枯燥的寒窗苦读、著书生活，寄托情思和感情。

他取竹一节，底部制出三足，刮去青筠，留出竹肌，在上面行楷阴刻朱熹的茶理："物之甘者，吃过必酸；苦者吃过却甘。茶本苦物，吃过却甘。问：此理如何？曰：也是一个道理。如始于忧勤，终于逸乐，理而

《桐荫煮茗图》笔筒

竹刻笔筒鉴赏

文人刻竹的典范——钱大昕

后和。"落款:钱大昕书。

笔筒浑朴天然,没有什么雕饰,素净之中显出所书内容的哲理。字距、行距疏朗,字迹隽秀雅逸,风神潇洒自如,此乃文人以刀代笔,体现笔墨情趣的典型作品,书卷气十分浓郁。

细观所刻,刀口明晰,底子干净。虽是自书自刻,却运刀劲挺舒展、流畅、娴熟。与众多竹人专业刻竹不同,他纯粹是业余刻竹,自娱而已。

他的刻竹实属必然。身处竹刻之乡,各式竹刻作品每天映入眼帘,与人接触谈话离不开某某近日又有构思新颖的作品值得一看。"耳濡目染"这成语对他来说最贴切不过了。最入耳入心的话,说的是住城南的周芷岩如何了得,不绘稿,运刀直接在竹上驰骋纵横,俨然画中的勾勒皴擦。年轻的钱大昕产生了要去见他的强烈愿望,但又怕他恃才傲物。

当钱大昕前去拜访,见到的周芷岩竟是一位豁达潇洒、和蔼可亲的美髯老者。钱大昕叩教竹刻之道,周不吝自己心得,一一道来,讲到微妙处,就操刀示范。

聪明的钱大昕一点即透,回家就试刻,遵循周所说的"画法刻竹表现笔墨情趣"的原则。

周芷岩结识了这位好学的世家子弟,心中十分高兴,也去回访。谈诗、谈画、谈金石书法,两人结成了忘年交。钱大昕心目中的周芷岩是性格磊落不羁,却品行高洁、学识渊博、技艺超群的竹刻前辈。接触多了,崇敬爱戴之情油然而生,日后在做学问、授业、为官之余,他为周芷岩作《周山人传》,让后人了解这位具有多方面才能的前辈。

因钱大昕自身曾参与刻竹,对竹刻艺术有深刻的理解和独到的评判标准,因此其撰写的《周山人传》起点很高。他称芷岩于画独有神介,仿古贤山水人物皆精妙,尤好画竹。嘉定竹人自三朱、沈、吴之后,芷岩更出新意,作山水树石丛竹,用刀如用笔。不假稿本,自成丘壑。其皴法浓淡坳突,生动浑成,画手所不得到者,能以寸铁写之。对周芷岩的推崇,可见他偏重具有文人气息

竹刻笔筒鉴赏
文人刻竹的典范——钱大昕

的竹人,欣赏笔墨情趣强烈的竹刻。他在《练川杂咏》中"花鸟徐熙山马远,无人知是小松传"的诗句也说明了这点。

钱大昕(1728—1804),字及之,一字晓徵,号辛楣,又号竹汀,嘉定人,乾隆十九年(1754)进士,曾授内阁中书官至少詹事,还主讲钟山书院、娄东书院。他天资聪颖,家学渊源,父、兄、弟均精考证,有"九钱之目"一说。他从小生活在这样的家庭,加上勤奋学习,因此学识渊博,"经史百家,天算地域,无所不通"。尤精金石小学,善隶书。绘画善花卉,画名被学问所掩。蒋士铨题其画白莲诗:"楷法写枝干,行草写花叶。作画如作字,吾师白阳接。"他的画风学陈白阳(淳)一路。

同时期的学者王昶、段玉裁、王引之、凌延堪、阮元、江藩等都给予他极高评价,称他为"一代儒宗"。因此这件充满文人气息的笔筒就显得十分珍贵。

受钱大昕影响,他的女婿、侄子都善刻竹。

(图片由"集宝"授权使用)

竹刻笔筒鉴赏
擅刻书法的周锷

擅刻书法的周锷

竹刻到清中期呈现鼎盛之势，竹人不断涌现。他们基本上可分为三种类型。一是全能型，如周芷岩，阴阳刻书画，深浅浮雕，直至圆雕皆能；二是专攻浮雕或圆雕型，如庄绶纶、沈全林和封氏弟兄；三是擅刻书法型，如王梅林及本文介绍的周锷。

周锷，字剑堂，嘉定人，《竹人录》称他，"善雕镂，奁边字细如蝇蠓，而分行布白，步画井然，见者诧为鬼工"。下面介绍他刻的《赤壁赋》笔筒。

欣赏笔筒上的书法比绘画要求高。绘画被雕成浮雕或阴刻线条，直观感觉就形象有趣。书法则不然，首先要理解原文含

《赤壁赋》笔筒

竹刻笔筒鉴赏
擅刻书法的周锷

义,若是经典美文,会先吟诵一下,然而再审视章法、气韵、刀法,这一切都比较抽象,要细细品味才能揣摩出其中奥妙。纸上作书看章法主要看字与字、行与行是否对角呼应,相互揖让。如果节奏明显,韵律跌宕,映带牵丝恰如其分,气韵贯通,给人一气呵成的感觉,章法自然上佳。《赤壁赋》用隶书刻成,可以看出书写时许多笔画繁多的字,如"履""巉""巌(岩)""蒙""攀""凛""鹤"等,旁边都是笔画简单的,如"月""之""而""山""予"等,这是刻意为之,避免了壅塞,揖让十分自然。

在笔筒有限的平面刻长篇美文,既不能前紧后松,又不能前松后紧,要做到均匀、自然、流畅。细看这笔筒,章法严谨规整,字、行距明晰,九百多字,加上题目,围绕笔筒一周,舒缓、平顺,可见他作了精心谋划,细心计算。《竹人录》称他"分行布白,步画井然",确是一矢中的。

马国珍、王梅邻刻《兰亭序》和《秋声赋》,一个三百多字,一个四百字左右,都不长。周锷刻前后《赤壁赋》有九百字左右。九百多字运刀是什么概念?其中笔画繁多的如"顾""鹤"等的繁体字有二十多画。刻时锋刃贴着笔画外沿行走,每一笔画正一刀、反一刀,有时需第三刀把残屑剔净。逢到转折连笔,要刻五六刀。一个字起码刻七八十刀,甚至更多。笔画"多"与"少"平均一下,九百多字要刻六万到七万刀,真是工程浩大,繁复无比。刻浮雕或圆雕,初始都是大胆、痛快淋漓进刀,直到刻画细节时才小心翼翼。而刻前后《赤壁赋》必须一开始就静下心来,心无旁骛,一丝不苟,由单字精美逐渐累积成整篇完美。稍有闪失,留下瑕疵,改都没辙。

竹刻大师金西厓深知其中甘苦,所以说:"世人每谓刻书易而刻画难,实则刻书难于刻画,何止倍蓰。刻画稍有舛误,尚可修补掩饰。刻书则必须全神贯注,不容有一刀走失也。"

周锷阴刻隶书,运刀犀利,刀口锋利毕现,底子清爽。字虽小但起笔蚕头毫不含糊,波磔明显带有《史晨碑》的特点,字体结构紧密,呈方形,异于

竹刻笔筒鉴赏
擅刻书法的周锷

《曹全碑》《史晨碑》的扁方型，整体来看前后《赤壁赋》刻得沉稳凝重，说明他对于书法曾下过一番苦功，隶书的特点了然于胸。笔者更佩服他筹划之周密和雕刻过程中的静功。

周锷最擅长的是在竹扇骨上刻小字，字小如粟，墨韵十足。他曾在一扇骨上刻王士祯《秋柳四章》赠金元钰（《竹人录》作者）。金西厓在《刻竹小言》中说"刻字自乾嘉整饬一派渐趋向细密。细密难工，亦是一种发展。周锷是这一派的创始人"。

周锷"精刻小字"得益于同里浦熙的细楷。

浦熙，字亦昌，号俨斋，亦号拈斋，嘉定人，贡生，性情高旷，妙于谭理，工行草书。山水初师本邑前辈李流芳，晚年学王蒙，苍劲浑厚，墨彩焕发，只是谨慎过度，较少下笔，故流传甚少。

周锷与浦熙在合作中结下深厚的友谊，两人不仅是惺惺相惜，更是互相器重。周锷所持扇骨非浦熙书不刻，浦熙亦非周锷刻不书。这段艺坛佳话常被竹人称道。

周锷生卒年月不详，活动期在清乾嘉年间。由于他创始，开启了扇骨上刻长篇诗文的新样式，以后韩潮、张楫如传承了这一路风格，形成了新的支流。

（图片由"集宝"授权使用）

竹刻笔筒鉴赏
方絜的《拜竹图》笔筒

方絜的《拜竹图》笔筒

《拜竹图》虽然没有点明主人公姓名，但从历史记载看，应该是北宋的文同。

文同（1018—1079），字与可，自号笑笑先生、锦江道人，世称石宝先生，四川梓州永泰人，皇祐进士，曾任邛州、洋州太守。元丰初，调任湖州，

《拜竹图》拓片

竹刻笔筒鉴赏
方絜的《拜竹图》笔筒

《拜竹图》笔筒正反面

惜未到任就去世,但人们仍称他为"文湖州"。他一生痴迷竹子,慕其"未出土时先有节,到凌云处尚虚心",以其高风亮节自鉴自喻。爱竹进而画竹,主张画竹必先"胸有成竹"。为此,在洋州任上,处理公务之余,常到当地盛产竹子的筼筜谷去赏竹。观赏之勤,观察之细致,使纸上竹子越发精湛。他首创深墨为叶面、淡墨为叶背的运笔之法,启迪了后世画竹之人。这些人统称为"湖州竹派"。苏东坡画竹直接受他影响,赞其梅竹云:"梅寒而秀,竹瘦而寿,石文而丑,是为三益之友。"郑板桥是有名的画竹大家,他在题款中屡屡提到文同(与可)。胪陈如下:

其一,"文与可墨竹诗云,拟将一段鹅溪绢,扫取寒梢万尺长"。梅道人云:我亦有亭深竹里,也思归去听秋声。皆诗意清绝,不独以画传也。不独以画传,而画益传。

竹刻笔筒鉴赏
方絜的《拜竹图》笔筒

其二，文与可画竹，胸有成竹。

其三，与可画竹，鲁直不画竹，然观其书法，罔非竹也。瘦而腴，秀而拔；欹侧而有准绳，折转而多断续。吾师乎！吾师乎！其吾竹之清癯雅脱乎！书法有行款，竹更要行款；书法有浓淡，竹更要浓淡；书法有疏密，竹更要疏密。此幅奉赠常君酉北。酉北善画不画，而以画之关纽，透入于书。变又以书之关纽，透入于画。吾两人当相视而笑也。与可山谷亦当首肯。

其四，偶学云林石法，遂摹与可新篁。一片青葱气色，居然雨过斜阳。

其五，东坡与可太癫狂，画竹千枝又万行。袖里玲珑还有石，捻来压倒米元章。

其六，文与可梅道人画竹，未画兰也。

其七，昔人画竹者称文与可、苏子瞻、梅道人。画兰者无闻。

其八，信手捻来都是竹，乱叶交枝夏寒玉。却笑洋州文太守，早向从前构成局。我有胸中十万竿，一时飞作淋漓墨。为凤为龙上九天，染遍云霞看新绿。

论述也好，诗句也罢，说明郑板桥对这位画竹先驱——文同的研究相当透彻。文同在后学人心中的地位是不可替代的。

文同还善诗文，篆隶行草无不精熟。传说他学草书十年，未得古人之法，一日见路上斗蛇，风驰电掣的闪击和相持时扭动给了他很大启示，与张旭观公孙大娘舞剑器得启示一样，始得用笔之妙。

他山水、树石、人物、花卉、翎毛样样皆能。有人评价他的"晚霭横卷潇洒大似王摩诘（王维），而工夫不减关仝"。在一幅《竹上鸲鹆图》上，黄庭坚题"功剖造化窟"。

文同的爱竹、迷竹在读书人中广为人知。方絜将这些事迹浓缩、概括、提炼，诙谐地让他对竹打躬作揖，塑造了一个令现代人看来稍有"迂"的艺术家形象。

《拜竹图》笔筒用浅刻刻就。文同形象在游丝描的基础上刻出，线条虽细致却流畅，不见丝毫滞涩；柔和，不失内在张力。仔细观察即可发现笔墨的顺

竹刻笔筒鉴赏

方絜的《拜竹图》笔筒

逆、疾缓、轻重一一呈现。取得这样效果,说明方絜对刻刀的掌控到了炉火纯青的地步。

与文同形象对应的是兼工带写的三枝修竹。竹竿挺拔,竹叶纷披勃发,十分精神。因为是浅刻,较阔的竹叶,没有深入,呈平底,方絜处理得非常干净。就修竹而言,瘦硬生辣、摇曳多姿、风骨超尘,爱之、惜之、拜之,也在情理之中。这又说明方絜善于将文学中的烘托手法引用到绘画、竹刻中来。

人物与竹两相对照,细与粗、柔与刚形成了鲜明的对比。

背面用隶书刻了十二字铭文,加落款"勺园"。"勺园"是嘉兴收藏家冯登府的别号。铭文中"中书""平章"都是处理公文的官员名称,经笥是存放经文的方形竹器,用这些比喻来点明笔筒的用途,别有一番趣味。

画面左上落款"拜竹图、治庵"。

笔筒为方絜自绘、自书(铭文为冯登府书)、自刻。虽构图简单,却文化意蕴深厚。与他的其他作品如《苏武持节图》《渔翁图》《睡余书味在胸中》一样,书卷气浓郁,刀工精湛,都是晚清时期的佳作。

方絜,生卒年月不详,字矩平,号治庵,原籍安徽歙县。方家在皖南是大族,出了不少著名文人,被人称为"桐城派"。方絜祖上这一支后迁居浙江黄岩,成了黄岩人。

方絜为人豁达、率真,少年时就不肯读经世之书,厌恶八股,无心功名,却饱览杂书、野史,最钟爱的还是画画、山水、人物,无不涉猎。曾在本乡藏家家中临摹陈老莲的人物数月之久。当他出游到南京,在友人家中见到前辈曾鲸的作品时,简直惊呆了,人物传神出彩,摄人心魄,是他从未见过的。他仔细揣摩曾鲸重墨多烘染技法,认真临摹,默记在心。

曾鲸(1568—1650),字波臣,福建莆田人,画人物形象逼真,神情毕肖。陈衡恪认为"波臣乃出一新机轴,其法重墨骨,而后敷彩加晕染,乃受西洋画之影响"。

游历中他结识了和尚达受,随达受学会了竹刻。

竹刻笔筒鉴赏
方絜的《拜竹图》笔筒

达受（1791—1858），字六舟，俗姓姚，海宁城北石井村人，出家于州治之白马寺，后住持杭州净慈寺、苏州沧浪亭。自幼即喜金石篆刻，工书善画，刻竹亦精，被状元、浙江巡抚阮元称为"金石僧""九能僧"。

方絜的过人之处在于他能将从曾鲸那里学到的笔墨技法化为刀法，刻在竹上。笔者在《竹刻扇骨鉴赏》一书中介绍的《墨林小景》，作品中人物五官不再是传统意义上单纯的线条勾勒，之外还略作刮削，代以烘染，这在竹刻史上绝对是一个创新。金西厓在《刻竹小言》中说："清代晚期，在雕法大备之后，竹刻仍有发展。以题材言，小象写真及摹刻金石，均为前期所罕有。""小象写真"就是指方絜的一系列作品。

方絜用这种全新的刻法为达受和尚刻《庐山行脚图》。图中达受形象生动，衣服勾勒刚柔相济，面部须眉如生，看过的人无不赞叹惟妙惟肖，以至于见多识广、鉴赏水平极高的张廷济不禁为他题："竹人自昔疁城（嘉定）传，只恐输君更擅长。"如今这件作品藏于浙江省博物馆。

方絜来往于嘉兴、杭州、苏州、南京等地，承揽刻件，获取酬金。一位叫李兰九的画家得到方絜的臂搁，十分满意，咏诗曰："方子诗画兼能事，精于镌竹本余枝。岂知翻样出汗青，复擅传神到刻翠。为我锲作《读书图》，萧然秋意凉须眉。妻孥婢仆哑然笑，宛如闽南一腐儒。"此诗写得诙谐有趣，流露出对方絜的赞许和欣赏。又附之："嗟乎！谗刻易犯真宰瞋，此君高节况嶙峋。属君刻画须择人，毋令唐突此青筠。"

1843年，方絜为赋闲的状元阮元刻人像写真，达受和尚见了大加赞赏，认为比《庐山行脚图》更好。

嘉兴收藏家、勺园园主冯登府慕方絜之名，邀他赴禾城小住。方絜在勺园饱览了所有藏品，为园主刻了若干臂搁、扇骨，本文介绍的小笔筒就是他为冯登府所刻。

方絜在勺园与同道欢聚、交流，度过了生命中的最后几年。才华横溢的方絜39岁英年早逝，非常可惜。

竹刻笔筒鉴赏
方絜《拜竹图》笔筒

《前尘梦影录》称他"为金陵派刻竹名手,人称'方竹',精于铁笔,刻竹尤为绝技。凡山水、人物、小照,皆自为粉本,于扇骨、臂搁及笔筒上,阴阳坳突,勾勒皴擦,心手相得,运刀为用笔……有竹刻拓本一册,真无上逸品"。另著有《石我斋吟稿》。

(图片由上海博物馆授权使用)

竹刻笔筒鉴赏
文人刻竹又一人——宋简

文人刻竹又一人——宋简

王世襄在《竹刻概述》中说:"至19世纪,于竹上表现笔情墨趣,更被多数竹人视为竹刻之最高追求。其始作俑者为周芷岩。"周芷岩"不假稿本,自成丘壑"的任意挥洒式刻竹,影响了许多文人,宋简就是其中之一。

现在就来看他的笔筒有何特点:

一、构图一反常例,颠倒着来。可能是方便运刀的缘故,菊叶、茎干、花朵和苞皆取垂势,极其罕见,可谓别具一格。

二、运刀以阴刻为主,却变化多端、深浅有别。比如叶子外周深,中间浅,恰如国画中的乱笔,使之呈现

《秋菊图》笔筒

弘形,又在叶上轻轻刻出脉络,菊叶饱满而呼之欲出。兰叶看似简单,他用侧锋运刀,分出了浓淡,翻转之态凸现。花苞和倒悬的菊花用阴刻线条表现,似白描;向上盛开的菊花则采用陷地浅刻,刻出了立体感。茎干的滞拙与叶脉圆

竹刻笔筒鉴赏

文人刻竹又一人——宋简

润流畅形成了鲜明对照。刀法的多样使画面生动自然。

三、背面诗两句"擢秀三秋晚,开芳十步中",与画面相得益彰,互相映衬,营造出"秋色渐将晚,霜信报黄花"的氛围。

诗句引自骆宾王的《秋菊》。全诗如下:

擢秀三秋晚,开芳十步中。

分黄俱笑日,含翠共摇风。

碎影涵流动,浮香隔岸通。

金翘徒可泛,玉罍竟谁同?

这样书香浓郁的笔筒置于案头,挥毫书画倦了,注视它一番,再默念骆宾王的诗句,深秋菊花傲霜挺立、幽香阵阵的情景就会浮现在眼前,身心将得到极大放松。

这是典型的文人即兴挥洒,追求笔墨情趣的刻竹。笔筒落款"西樵",是宋简(1757—1821)的号,他字粹心,又字长文,苏州人。

宋简出生于书画之家,从小异常聪明,受父亲影响,幼时喜涂鸦,童年开始习丹青、摹画谱、临碑帖,常年不辍,打下了坚实基础。弱冠之年以诗文清丽崭露头角。他精篆隶,善画兰得南田之神韵,兼工白描人物仕女,具有华新罗之隽逸,画梅近学金俊明,远效王元章,以冷峻清雅著称,在当时小有名气。

宋简活动在清嘉道年间,正是文人视刻竹为风雅,积极参与之时。他刻竹纯粹是兴之所至,自娱自乐,与专业竹人不同。但是这样的即兴之作,让我们领略了竹刻艺术的另一番风情。

(图片由吴门拍卖授权使用)

竹刻笔筒鉴赏
文人刻竹再一人——黄任

文人刻竹再一人——黄任

　　这笔筒外形与众不同。恐怕竹子在最初生长阶段受到石块阻挡，屈节伸展就长成这样子。看惯了直立挺拔的笔筒，会觉得这别有一番趣味。

　　从自然质朴的外形和所刻铭文来看，符合"大璞不斫"，"不事精雕细琢，只略施刀凿以见自然之趣"的特征，显然属金陵派风格。笔筒凸肚处阴刻行书："伟哉居士，质奇节古。既雕既琢，辉生艺圃。亦虚亦耿，君子师汝。饱蓄烟霞，以作霖雨。寿卿先生正，莘田王耘圃。"

　　铭文朗朗上口，富有节奏感，既颂扬竹子又赞笔筒，诗意盎然，趣味深长。

　　铭文虽短，但书写流畅，上下映带，气息贯通，犹如虎跃山涧，鱼跃龙门，提按顿挫之间，展现了书者深厚的书法功底。

　　刻者两面进刀，功力非凡，因此刀口清晰，底子干净，完美地表现了笔意。

　　独特的造型、诗意的铭文、优美的书法、精致的刻工，这四绝构成了笔筒的特色。

　　金西厓在《刻竹小言》中说："刻字自乾隆整饬一派，渐趋向细密。"这笔筒字迹较大，创作于清初，印证了上述说法。

　　笔筒受者寿卿先生为潘坤。

竹刻笔筒鉴赏

文人刻竹再一人——黄任

《奇竹》笔筒

潘坤，字寿石，号寿卿，杭州人，工八分书，善人物、花鸟，工致秀丽。

落款：莘田、王耘圃。笔者判断莘田是刻者，王耘圃是莘田宰广东四会县令时的师爷或幕僚，有才情，铭文是他所拟书。莘田既为主人，落款自然居首。

黄任（1683—1768），字于莘，号莘田，福建永福人，康熙举人，曾任广东四会知县。为人风趣又好客，朋友聚会，他谈笑风生，幽默诙谐的话总能引起满座大笑。他为官清廉，离任回乡，携带的行李中别无长物，仅平日聚集的诗稿和购买的几方端砚。他有砚癖，自号十砚先生。

他工书法，初学林佶，后融入汪士铉笔法精神，诗学王士祯，著《秋江集》。因为豁达、乐观，享高寿至八十又六。

竹刻笔筒鉴赏

文人刻竹再一人——黄任

竹刻自清初逐渐进入鼎盛期,除职业竹人以此谋生外,一些文人也嗜好刻竹。他们或寄情言志,自娱自乐,或展现才艺,馈赠亲友,这就给后世留下了许多古拙质朴且书卷气、金石气浓郁的作品。

这笔筒或许是黄任处理公务之余,偶然得到的一段奇竹,不忍埋没,打磨之后,请王耘圃题铭,自己操刀镌刻而成。这是典型的文人竹刻。

(图片由"集宝"授权使用)

竹刻笔筒鉴赏
奚冈、韩潮合作的《岁朝清供图》笔筒

奚冈、韩潮合作的《岁朝清供图》笔筒

这是由奚冈绘、韩潮刻的笔筒。奚冈其时56岁，已是名动中外、誉满寰宇的大艺术家，韩潮才21岁，还是个默默无闻、入道不久的学生。但这并不妨碍他们各显其能，合作完成一件竹刻作品。

画面有锡瓶、紫砂壶、瓶梅、灵芝、盆蒲等，安排高低错落，疏密有致。梅花、灵芝虽不关联，但相向对揖，气韵是相通的。

《岁朝清供图》笔筒拓片

竹刻笔筒鉴赏

奚冈、韩潮合作的《岁朝清供图》笔筒

有一点较为有趣,整幅作品弧线居多,大弧小弧各得其所。有道是:大弧小弧落笔筒,岁朝清供构佳图。

作品用笔率真、洒脱,枯涩合度。梅花花瓣画圈示意,秀润柔和,花蕊虽细,却十分精神,显示出运笔迅疾;灵芝轮廓滞拙却不失灵动。

右上角题诗一首,与画相得益彰。题诗行楷写就,看似随意,仍能看出褚遂良的精神和虞世南的风范,透出一股清雅超逸之气。诗句带点诙谐调侃意味,点题十分贴切。

《岁朝清供图》笔筒

韩潮刻工近乎完美,润笔劲健爽利自不必说,枯笔呈现的"飞白"效果,使人难以相信是刀刻出来的。也不奇怪,其时他目力正处最佳状态,刻起来自然得心应手。

《岁朝清供图》寓意吉祥,寄托平安,格调高洁,是文人寄兴言志的常用题材。他俩合作,表达了他们的美好愿望。

上博出版的《竹镂文心》大型画册序论中说:"这种合作尚不同于后来的竹人多请他人作稿或者镌刻名家墨迹,而是各逞才艺,自为书画,自为雕刻,合作于一件器物之上,或分刻扇骨两边。"

奚冈与韩潮的合作,只是师生情谊,没有功利目的。"后来的竹人多请他们作稿",则完全为功利,用现代话来说,就是"傍名人",带有明显的依赖性。

奚冈(1746—1803),字铁生,号蒙泉外史、冬花庵主,祖籍安徽歙县,世居杭州,为"西泠前四家"之一。

竹刻笔筒鉴赏

奚冈、韩潮合作的《岁朝清供图》笔筒

奚冈天资聪慧，勤奋好学。童年进私塾以记忆力特强著称。《三字经》《千字文》《论语》等读一遍就能背诵，因此他比别的儿童能多出不少时间来涂抹画画。因家中拮据，拿不出闲钱去拜师学艺，只得自学。

杭州历来是文化发达之地，积淀深厚。南宋成为都城后，聚集了不少庋藏名画的中原名门望族，由此相应的裱画铺自然多了起来。奚冈家附近就有裱画铺，他把它当成最好课堂，一有空就去观察。他揣摩这些名画的骨法用笔，领会构图布局之奥妙，回家照样默写。他视觉记忆也强，往返几次就能把名画默写得惟妙惟肖。年岁稍长，"师法造化"成了他的必修课，环西湖山水、富春江边无一不为他所撷写。点染皴擦、浓淡枯涩，笔墨饱含"南宗"的秀润，也不忘参以"北宗"的苍莽。

写生描绘眼前美景使他忘掉了一切，以至于读书人进身之阶——"乡试"都错过。直到弱冠之年，家中催促，才勉强去应试，过后又忘得一干二净，所以他只是个"童生"，连"秀才"也不是。

日复一日地默写和写生，练就了他一手高超的画技和精到的眼光。他独立创作的绘画尽揽浙北山川之美，又强烈呈现有别于人的用笔之妙。画山水娴熟，花卉、竹石也不在话下，可依稀见到恽南田的风韵。

慢慢他的画名传开了，杭州一些富商豪门的客厅装饰书画，非要他的作品不可；一些外地文人游罢西湖想购一幅风景回去，非他的画不买，名声传到国外，日本、琉球"夷人皆悬金以购之"。他的画与梁同书的字齐名，为当时所推崇。

乾隆南下要游杭州，知府王瑞煞费苦心把接待的行宫整修一新。几面白墙须装饰，王瑞想到了奚冈，就派差役去传唤。换了别人会认为是邀宠的好机会。可奚冈被带到白墙前，傲然挺立正色道："头可断，画不可得！"就是不动笔，三天后仍是白壁。差役说："你哪里是童生，你简直就是铁生！"他就此以"铁生"为字。他不畏权贵，性情耿介可见一斑，艺坛从此流传他风骨凛然的轶事。

竹刻笔筒鉴赏
奚冈、韩潮合作的《岁朝清供图》笔筒

奚冈虽未像黄易那样受浙派祖师丁敬亲炙，但心摹手追，也学到了浙派篆刻的精髓。他结合绘画经验，在章法中会加入刚健的线条和抽象的意趣，使朱文印的圆润婉转减弱，白文印明显透出秦汉官印方折的特质。后世评价他的印风散逸冲和、清隽朴拙，是恰如其分的。出色的篆刻成就使他在"西泠前四家"排第二位。

对于篆法他有独到的见解："仿汉印当以严整中出其谲宕，以纯朴处追其茂古，方称合作。"又说："作汉印宜往而圆，神存而方，当以《李翕》《张迁》等碑参之。"从篆刻作品看，他已将这些见解付诸实践。

"西泠前四家"中他与黄易年龄相仿，志趣相投，大家都视对方为知己，切磋交流中结下了深厚的友谊，在艺坛传为佳话。

奚冈因为求画人多，中年后篆刻减少，把大部分时间放在绘画上，最后几年甚至封刀，不再刻印。本文介绍的"岁朝清供"是他晚年由学生韩潮陪伴下的即兴之作。

奚冈生性至孝，老母去世对他打击极大，不久又上演白发人送黑发人悲剧——儿子去世。双重悲痛使他一蹶不振，58岁那年便谢世，不能不说是艺坛的重大损失。

韩潮（1781—1846），字蛟门，又字蕉门，浙江归安（今湖州）人。

韩潮出身书香门第，聪明好学，从小受到良好教育。弱冠之年参加乡试，中秀才。韩父希望儿子能熟读经史，一路考下去，最终鱼跃龙门，金榜题名。可他生性率真、旷达，追求无拘无束，厌倦科举的呆板、僵化，不愿在八股上下功夫。

韩潮青年时代，正是西泠八家风靡浙江之时，读书人十之八九兴来操刀，刻石言志，以印寄怀。他为求浙派真髓来到杭州，拜"西泠前四家"之一的奚冈为师，学习章法、运刀等技法。

奚冈告诉他，艺术"世不相沿，人自为政"，作品当随时代，篆刻亦不例外。学习篆刻始于模拟，最终要有变化，有自己面貌。

竹刻笔筒鉴赏
奚冈、韩潮合作的《岁朝清供图》笔筒

为独辟蹊径，他广集各家印谱，搜罗商周彝器铭文及汉魏版拓片，充实自己。当他得知文字学家高爽泉精通金石文字，多次上门求教。在高爽泉家他看到了宋代薛尚功编著的《历代钟鼎彝器款识法帖》和状元阮元抚浙时嘱僧达受（六舟）摹刻的新藏彝器铭文拓片。他借去临写，日日仓颉、史籀，时时李斯、蔡邕，到了废寝忘食的地步。不久之后，他得到了阮元编辑的《积古斋钟鼎彝器款识》，视为珍宝。

刻苦研习，融会贯通，使他的篆刻别开生面，章法呈精纯典雅，苍古朴茂，运刀冲切结合，生辣、犀利，为老师所称道。

他触类旁通学会了竹刻。自他与老师合作了《岁朝清供图》笔筒后，他又尝试用阴阳刻将金文刻在臂搁、扇骨上，效果奇好，面市后反响强烈。他是第一个在竹刻中刻金石文字的竹人。《竹人续录》称他特别擅长摹刻钟鼎款识，所刻阴阳文都浑朴无比。此风一开，竹人纷纷仿效，掀起了一股复古潮。

韩潮在竹上阴刻行楷用的是刻边款之法，直接奏刀，不拟墨稿，真正"以刀代笔"是也。《吴昌硕石交集校补》中说："嘉道时善刻竹者，首推吾湖韩蛟门。蛟门刻竹法，以墨涂竹尽黑，随以刀画之。篆籀行楷，唯意所适，无不佳妙，逸态横生。石门胡匊邻告余云：蛟门之法今不传，世之刻竹皆匠也。"后来吴昌硕又多次称赞他的竹刻。

韩潮运刀挺拔峻峭，自然率真，所刻行楷潇洒秀雅，金文苍古朴拙，作品品位极高，为世人所推崇，到后来他的竹刻名声盖过了篆刻，其实他应是篆刻家、竹刻家，不是单纯的竹人。

本文介绍的《岁朝清供图》笔筒，构图简单、运刀"平浅"，文人意蕴深厚，为清前期"繁绮多姿"嬗变为晚期"平浅单一"转型期的佳作，作品极富墨韵刀味。因着合作者的身份、成就，理应在竹刻史中占一章节。

（图片由上海博物馆授权使用）

竹刻笔筒鉴赏

文人刻竹大师——陈师曾

文人刻竹大师——陈师曾

清代竹刻风行，一些文人业余也会刻竹自娱，至民国流绪未断，仍有文人参与。今介绍的就是著名书画、篆刻家陈师曾刻的《鹤龄延年图》笔筒。

笔筒用阴刻线条刻就。整体来看，画面疏朗，虚实相间，布局得体。他的学生俞剑华称他在日本留学"以习博物，故形态逼真"。又说他用笔"生辣坚强""瘦骨嶙峋，笔笔有力"。细看所刻线条，确实如上所说，顿挫提按，十分有韵律感。又因他深谙篆刻用刀，笔筒明显带有冲、切刀法，毫无滞涩阻断之态。特别是松树枝干、斜坡多用折笔，灵芝则折、柔笔交替，显得古拙耐看。画面主角——仙鹤

《鹤龄延年图》笔筒

竹刻笔筒鉴赏

文人刻竹大师——陈师曾

的喙和黑羽用块面阴刻表示，与轮廓细线条形成了强烈对比，这种效果特别吸引人的注意。仙鹤俯首，一腿稍提，静中欲动，使它栩栩如生，趣味盎然。落款："鹤龄延年，师曾、陈朽"，阴文印"师曾"。

细观笔筒，虽构图简约，但章法上乘，造型概括，却气韵生动，寓意浅显，然意境深邃，运刀纯朴古拙，刀口棱角明晰，底子干净爽利。

之所以能如此，全在于作者学养深厚。

陈师曾（1876—1923），名衡恪，字师曾，以字行，号朽者、朽道人，江西修水人，出生于诗礼簪缨之家。祖父宝箴曾任湖南巡抚，父三立为同光体诗派诗人。师曾天赋聪慧，在严格的传统教育下，十岁就能书擘窠大字，涂云抹烟，得六法之妙，又能作诗，写得一手好文章，人称之为"神童"。稍长，他考入南京矿路学堂，与鲁迅同学，后又同去日本入东京弘文学院学习博物，共寝一室，为上下铺。毕业后回国，任南通、长沙等地教师，后被当时国民政府教育部聘为编审，又与鲁迅为同事，两人友谊非比寻常，闲暇经常在一起交流切磋。他曾应邀为鲁迅的书籍设计封面。他还被北京高师、美专聘为教授。

师曾于书画、篆刻无不精通，篆籀、隶、魏、真、行诸体皆精，而且笔力苍劲，风神秀逸，别具一格；画则受益于沈周、道济、髡残、石溪、蓝瑛、陈淳、徐渭、华嵒、李鱓，后师从吴昌硕，用笔生辣，钩多皴少，瘦骨嶙峋，苍劲有力，画面挺拔俊逸，古意盎然。所作山水、花鸟较多，人物较少，最著名的当属《京华风俗图》。篆刻早先学浙派蒋仁、黄易一路，后转师赵之谦、吴昌硕。特别是他在南通师范任教时，由苦铁弟子李苦李引荐，投到吴昌硕门下，得到缶翁亲炙。他的高明处在于学缶翁，能入而化出。有人称："观师曾画用印，戊午（1918）以前师缶庐作，以后之刀法篆势渐远缶庐，苍劲超雅，远胜汉之铸铁。"他晚期篆刻简率古拙，苍朴中渗出自然、高古之气，与缶翁的面貌大不同，隐隐流露出赵之谦的遗韵。而他刻竹仅是偶然为之。

师曾为人淳朴真诚，喜提携后进。齐白石初至北平，受正统画人排挤，寂寞困顿，是陈师曾独具慧眼，赏识、提携他。后又推动他"衰年变法"，促使

竹刻笔筒鉴赏

文人刻竹大师——陈师曾

他最终雄踞北京画坛之首。对此，齐白石曾赋诗表达心中感激之情："君我两个人，结交重相偎。胸中俱能事，不以皮毛贵。牛鬼与蛇神，常从腕底会。君无我不进，我无君则退。我言君自知，九辰毋相昧。"

1923年夏，从小将他带大的继母病危，他赶赴南京探视。继母病逝，感情甚笃的师曾无比悲痛，加上路途劳累，也生起病来，不久逝世，享年仅40岁。

噩耗传到北京，文化界人士无不震惊悲哀，遂联合举行追悼会。梁启超致悼词，中间有一段是这样说的："师曾之死，其影响于中国艺术界者，殆甚于日本之大地震。地震之所损失，不过物质；而吾人之损失，乃为精神。"

师曾品行高洁，赢得众多文化人士敬仰，一切都源于刚烈正直的家风熏陶。祖宝箴曾参与康梁变法，是力推新政的重臣。后变法失败，宝箴自尽殉新政；父三立于1937年日寇侵占北平后绝食殉国；1941年日寇占领香港，其弟寅恪拒绝日寇利诱，绝不任伪职，靠变卖东西度日，当然这是后话。一门忠烈，可以从中看出师曾其性、其情、其行。

陈师曾除身体力行于书画印创作，还致力于印论、画论的著述。他著有《中国绘画史》《文人画的价值》《槐堂摹印浅说》《槐堂诗抄》《不朽录》等。他的书画和著作对于反击民国初年泛起的全盘否定中国传统绘画的逆流，起到了重要的作用。

本文介绍的笔筒出自这样一位令人崇敬的书画篆刻家、学者之手，足见是多么珍贵！

（图片由"集宝"授权使用）

竹刻笔筒鉴赏
金西厓刻《梅窗图》笔筒

金西厓刻《梅窗图》笔筒

王世襄在《竹刻概述》中指出："19世纪后叶，竹刻艺术每况愈下，直至本世纪（20世纪）初金西厓、支慈庵等先生出，竹刻始又有新的发展。"如今以《梅窗图》笔筒为例，看金西厓怎样把清新之风吹进竹刻艺坛。

《梅窗图》笔筒一大特色就是阴与阳的对比。

梅枝被玻璃窗所隔部分，他留青筠，用阴刻法刻出，这仅是映影，为写意；未为窗遮隔的梅枝用留青刻，节疤、皴染一一表现，为写实。刻法不同，

《梅窗图》笔筒拓片

竹刻笔筒鉴赏

金西厓刻《梅窗图》笔筒

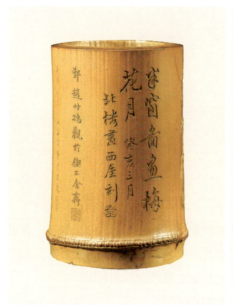

《梅窗图》笔筒

呈现阴与阳，这是形、影不同所必需的，否则无法区分两者不同。

第二大特色就是被束帘帏的线条柔和流畅与梅枝虬曲稚拙对比。

帘帏为纤维织物。他用纤细灵动的线条，恰如其分表现了它的质感，梅枝的线条折拙粗放，表现了梅的铁骨铮铮，这两者对比是非常强烈的；再者，窗棂横直线条与圆窗弧线对比，呈现丰富多姿的形态。

第三大特色就是糙与光的对比。

玻璃是近代工业生产的产物。以前窗户要么用纸糊，要么用明瓦，前辈竹人未曾在竹刻中表现过玻璃窗，因此无从借鉴。金西厓匠心独运，用糙地来衬托旁边玻璃的光滑，点睛三笔——窗棂刻出加深了"窗"的印象，又用写意手法表现梅枝因遮隔产生的轮廓不确定。从效果看，这样处理是成功的。所以

竹刻笔筒鉴赏
金西厓刻《梅窗图》笔筒

这笔筒虽是"平浅"之作，但刻法多变，就不同于大多数"平浅"作品的"单一"；构图虽简略，因几组强烈对比，使作品有了新意，更因有了玻璃窗的表现，显得与时俱进。

落款用阴刻："半窗图画梅花月"，癸亥三月北楼画，西厓刻，圆形白文篆书印"金"。

北楼是金西厓胞兄。

金北楼（1878—1926），原名绍城，字巩北，一字拱北，号北楼，又号藕湖。幼即嗜画，兼工书法、篆刻及古文辞，留学英国学法律。归国后曾在司法界任职。民国成立，任众议院议员、国务院秘书。筹设古物陈列厅，办中国画学研究会、中日绘画联合展览会，曾同陈师曾等赴日展览。工山水、花卉，精于摹古，有《藕庐诗草》《北楼论画》等著作。

金西厓是民国初全能型竹刻大家，一生刻了近千件作品，既有留青，也有阴刻，更有难度大的陷地深刻，如《荷花》臂搁，荷叶用阳及阴刻，花朵用陷地深刻，阴翻作阳，立体感特强，还有高浮雕。内容有山水、人物、花鸟，他还用高浮雕将父亲的肖像刻在臂搁上。这些作品大部分由自己设计绘稿，一部分由两兄长绘稿，还有少量"题襟馆"书画善会画友的酬唱留墨，如吴昌硕、王震、吴待秋、吴湖帆、张大千、江寒汀等。因他深谙画理，即使摹刻，也能将画中神韵表现得淋漓尽致。还有一点就是他重视做底。现在无法判断是谁发明了做底——胡桃底、沙底、蓑衣底，但他绝对是较早的一个。另一笔筒《秋菌图》就是刻的胡桃底。在这些糙底衬托下，"坚实而润泽之表层肌肤"熠熠生辉。

金西厓（1890—1979），原名绍坊，字季言，西厓为号，湖州南浔人。祖上经商致富，书香传家，富收藏。伯兄北楼、仲兄东溪、姐陶陶（王世襄母），都受过高等教育。伯兄与姐还曾游学欧洲，考察法律与美术。

金西厓自幼聪慧、勤奋，受家庭熏陶，除刻苦学习中国传统文化，还向伯兄学绘画、篆刻，向仲兄学刻竹。他毕业于上海圣芳济学院，虽主修土木建

竹刻笔筒鉴赏

金西厓刻《梅窗图》笔筒

筑，却醉心竹刻艺术。因为起点高，到他及冠之年，刻竹已趋成熟。褚德彝《竹人续录》称他："擅书画、精鉴赏，并工刻竹，日夕奏刀，无间寒暑。三年中刻扇骨至三百余枋。"

金西厓客居上海后，常参加"题襟馆"书画善会聚会，得以识见名誉会长吴昌硕大师，亲聆吴大师教诲指点，并结下深厚友谊。1926年，吴昌硕为他书"锲不舍斋"匾额，并题："西厓仁兄精画刻业，孜孜无时或释，神奇工巧，四者兼备，实超于西篁（张希黄）、皎门（韩潮）之上，摘荀子语以颜其斋。丙寅初冬，安吉吴昌硕老。"后著名画家吴待秋在竹简上画《锲不舍斋图》，他用留青法刻成臂搁。

金西厓刻竹勤奋，作品多而精致，受到众口赞誉。他并垂范于后学，一扫清末竹刻艺术的颓势。

金西厓对竹刻的最大贡献就是写成了《刻竹小言》一书。

竹刻发展了四百多年，涌现了无数名家高手，他们的作品风貌各不相同，其中有什么规律可循，为什么前期与后期变化如此之大？初学者如何尽快掌握刻竹技法？金西厓在20世纪40年代根据自身几十年经验，对竹刻艺术寻根溯源，将它的发展划分为几个阶段，归纳出各自特点，并列举出杰出的代表人物，剖析他们的独特之处，让喜爱竹刻的人能深入了解竹刻。他又对技法作了详细阐述。《竹人录》《竹人续录》"仅叙史传"，《刻竹小言》则是一部"对竹雕作出最全面研究"的著作（香港竹刻收藏家叶义语）。因他是行家里手，书中对竹刻方方面面论述十分透彻，绝无隔靴搔痒之感。之前他还出版了《可读庐刻竹拓本》（与东溪合作）与《金西厓刻竹》二书，记录他的刻竹业绩。

（图片由上海博物馆授权使用）

竹刻笔筒鉴赏
张契之刻《云龙图》笔筒

张契之刻《云龙图》笔筒

自明晚期竹刻兴起，竹人大都是男性。女性刻竹可说凤毛麟角。皆因竹子坚硬，竹肌纤维粗，难雕刻。而近代有一位迎难而上的女竹刻家，她就是民国时期的张契之。现介绍她刻的《云龙图》笔筒。

一般人总会觉得女性作品以纤柔、细腻见长。但她颠覆了这一看法。她创作的《云龙图》笔筒气势宏大，场面壮阔，一条蛟龙昂首喷水，龙身翻腾，四爪飞舞，四周云朵缭绕，海面波涛汹涌，映衬了蛟龙的矫健、勇猛。以往竹人营造场景大都为局部或一隅，很少像她这样全景式拓展。

这件作品深浅浮雕结合，主次分明。她用深浮雕雕龙，尤其是须，某些部位镂空，龙角上细鳞可数，使之形象更丰满更灵动；她用浅浮雕且带装饰手法雕云朵、海浪，使人感到苍穹、海洋皆有深度。细看云朵、海浪不在一个平面上，这皆得益于她的大丈夫气概，"胸中自有丘壑"。

作品口沿起伏与底部平整形成对应。笔筒口沿云朵轮廓起伏并不规则，底部她用若干S形装饰，以有规则对应口沿不规则，给人以生动多姿的感觉。

不知云龙笔筒是何年创作。在其他竹人都选择容易的"平浅单一"刻法——留青刻之时，她却用深浅浮雕这一难度大的技法来创作，实属难能可贵。

更令人称奇的是她晚年刻的《梅竹》扇骨，既不是阴刻，也不是留青，而是用高度概括的写实手法雕出的梅桩和竹枝：但见梅枝铁骨铮铮，花蕾朵朵，

竹刻笔筒鉴赏
张契之刻《云龙图》笔筒

《梅竹》扇骨

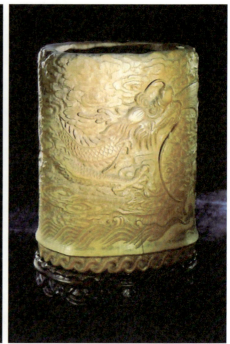

《云龙图》笔筒

盛开的梅花点缀其间;而挺拔的竹竿,枝丫依依,根须清晰,叶子舒展,真可谓"栩栩如生",称之为"神品"也不为过。

她之所以能刻出如此精湛的作品,与她得天独厚的传承和几十年积累以及永不停歇的进取精神有关。

张契之(1914—1976),名姞,号龙山女子,无锡人。父瑞芝是民国初的著名金石家,曾在沪开设碑帖店,舅舅支慈庵在店中刻竹。店中陈列着琳琅满目的碑刻拓片、名人手迹和印谱。来往的人大都举止文雅、谈吐高雅。父亲做生意之外,不是挥毫书对,就是伏案"耕田"(治印)。她从小生长在这样书香浓郁的环境,也爱上了金石篆刻。她见舅舅竹刻作品神奇精妙,也要尝试刻

竹刻笔筒鉴赏
张契之刻《云龙图》笔筒

竹,那年她才10岁。一次因腕力、指力不足,刻刀打滑,娇嫩的手指被戳破,鲜血直流。父亲心疼女儿,劝她不要再舞刀弄竹,将来学一门轻巧的手艺。舅舅不以为然,主张顺其自然。对于受伤,他认为这是必须经历的,哪有不吃几刀而学会雕刻的?在舅舅支持下,她含泪包扎好伤口,继续运刀练刻。平时除刻苦学习文化,习画临池外,就是在竹上走刀不止。手上不知戳破了多少次,持之以恒的她终于迎来了运刀自如的一天。

父亲爱女也换了一种方式,设法提高她的鉴赏能力——但凡有书画雅集总是带上她,还带着她去拜访著名画家张大千、吴湖帆、江寒汀、经亨颐等。她本就聪明伶俐,见识广阔,父亲、舅舅在章法上一点拨,心有灵犀的她马上付诸实践。所以她14岁就能独立创作,作品颇得行家赞许。

20世纪30年代,竹刻迎来了小高潮——折扇普及带动了竹刻扇骨兴盛,各路高手云集沪上,纷纷拿出看家本领来赢得客户。张契之在这期间创作了以铜镜、瓦当、泉币、彝器为题材的扇骨。令人叹绝的是阳刻石鼓文扇骨,她以女性的细腻、秀丽手法在上宽下狭的扇骨刻下四百五十九字,"细如蝇鬣,字迹清晰,富有古意",又用阴刻题款,其精雅、古朴,堪与竹刻大师张楫如的同类作品媲美。

应客户要求,她也会请大名头张大千、张聿光等书绘或由女子书画会会员书绘,由她精雕细刻。

从艺路上有两件事对她至关重要。

一是师从舅舅支慈庵。

当初支慈庵不满足于当刻竹匠,先后拜赵叔孺、吴湖帆为师,学习绘画书法。日后他的竹刻日臻妙境,达到了炉火纯青的境地。他不拘一格的构思,别出心裁的自主创作,一丝不苟的细节处理,使作品呈现出工致雅静效果。这些都潜移默化影响了张契之。俗话说"外甥不出舅家门",她的作品依稀能看到支慈庵的风格面貌。

二是加入中国女子书画会。

竹刻笔筒鉴赏
张契之刻《云龙图》笔筒

中国女子书画会是美术史上最大的女子美术团体，1934年4月29日由杨雪玖、雪瑶、冯文凤、李秋君、陈小翠、陆小曼、顾青瑶、汪德祖、何香凝、吴青霞、顾飞等发起成立，并在上海宁波同乡会举办画展。尽管她已回无锡发展，但这些大姐姐仍不忘邀请她（她是最年轻的会员），说明她在沪期间参加美术活动非常活跃，艺术成就也为大家认可。女子书画会的会员都是名媛淑女，绝顶聪明，画艺既高，风度又佳。她置身于她们中间，受益良多。从1937年中国女子书画会会刊登载的小传可以看出对她方方面面的概括是多么精到：

张契之，名始，梁溪金石家张瑞芝之女公子。性幽静颖慧，能篆书得家学。博研金石，精刻竹肌、钟鼎、石鼓、汉魏碑志、镜文币瓦以及山水、人物、仕女、花鸟之属，无不精妙入古，尤擅去皮留青，虽希黄生不能过也，可谓女中罕见之才。

1932年1月28日，淞沪抗战爆发。为避战乱，父亲携她回无锡，先后在新生路、复兴路开设"双契轩"印社，治印、刻碑、鬻书为生，她仍刻竹，以扇骨为主，应中国女子书画会邀约，她还会乘火车赴沪参加活动。

中华人民共和国成立后不久，无锡成立了工艺美术研究所，她是最早被吸收的一位。生活安定了，有了固定收入，她就静下心来探索前辈的成功与不足。有感于晚清以来竹刻日趋平浅，面目未免单一的弊病，她创作了一系列浅浮雕、深浮雕、透雕作品，力图扭转刻法上的颓势。她不拘泥于陈规，尝试着用留青刻与浅浮雕结合创作了挂屏《百花齐放》、插屏《无锡新貌》等讴歌新社会的作品。

她一生创作了千余件作品，赢得了很高声望。王世襄在《竹刻艺术》一书中称她是"近代少有的女竹刻家"。由于她成就卓著，被吸收为江苏省金石书法研究会会员、无锡市文联会员、政协无锡市第五届委员会文化工作组成员。惜乎天不假年，1976年去世，享年62岁。

（图片由乔锦洪授权使用）

竹刻笔筒鉴赏
周汉生的《荷塘牧牛图》笔筒

周汉生的《荷塘牧牛图》笔筒

我国原是个农耕国家,耕牛是重要的劳力。长期以来,牧童放牛成为艺术家们永恒主题。远的不说就说现代,徐悲鸿、刘海粟、李可染、黄胄等都曾作过《牧牛图》。现介绍以牧牛为题材的竹笔筒。

笔筒正面的一牛昂首横卧水中,牧童背向外,骑牛背吹笛。远处荷叶田田,荷花几朵不甘被埋没,竭力探出身来,或含苞或盛开或怒放,各尽其态。荷叶偃仰正斜,摇动翻卷,掩叠遮映,似清风吹拂,"香远益清,亭亭净植"。牧童被眼前景色陶醉,情不自禁地吹笛来抒发感情。这场景与音乐家贺绿汀的"牧童短笛"意境不谋而合,或者说就是受此启发而创作的。正可谓高低错落雕美景,诗情画意入竹来。

这件作品可关注以下几点。

一、疏密相间。笔筒上部荷叶及花密密匝匝。水面开阔处,三牛或横或侧,十分疏朗。看来作者是深谙"密不容针,宽可走马"之道的。

二、深浅结合。为体现层次感、立体感,作者不惜剜到竹肌深处,有几处叶梗花梗挑空而出;而牧童头部、背部及牛的脊背则轻轻施刀,留下"坚实而润泽之表层肌肤"。运刀有深有浅,人物场景有了纵深感,比起"平浅单一"的留青刻,就要饱满得多。

三、作品最高明之处在于一动一静。牧童凝视眼前美景,几乎没有动作,

竹刻笔筒鉴赏
周汉生的《荷塘牧牛图》笔筒

《荷塘牧牛图》笔筒

唯嘴唇吹奏,手指按孔,这就把他陶醉之态刻画得惟妙惟肖。再者,田田荷叶也是静态,除非翠鸟出没,微风吹拂。如今呈现摇曳翻飞的妖娆之态,与齐白石画的一群蝌蚪来表现"十里蛙声出山泉"的意境有异曲同工之妙。这就是静中有动,一动一静。

画面灵动如此,怎不叫人遐想无限?难怪王世襄见了赞道:"置此器于三松、鲁珍诸名作之间,全无愧色。三百年后,高浮雕之重现神采,为之兴奋不已。"

取得如此高的成就者是谁?他就是武汉江汉大学教授、艺术系主任周汉生。

周汉生1942年出生,湖北阳新人,1966年毕业于广州美院工艺美术系。也就是说,他接受了严格、完整的美术高等教育,没受"文革"动乱影响而中断学业,这就决定他的基本功十分扎实。但在"文革"中,那段经历被认为受的"修正主义教育",他被分配到合肥某厂当工人,接受所谓的"再教育"。

竹刻笔筒鉴赏
周汉生的《荷塘牧牛图》笔筒

这期间他并没消沉,而是积极进取,重活累活抢着干,和工人师傅融洽相处,业余开始刻竹。

1976年10月"小阳春"驱散了神州上空的阴霾,文化禁锢被打破,优秀文化遗产重见天日。周汉生压抑多年的创作激情迸发。他仔细研究了竹刻历史,决心创作出超越前人的作品来。他重拾明末至清中期盛行,而近代几乎绝迹的高浮雕、圆雕技法,融入时代气息,反复实践,终于熟练掌握了这两种技法的创作秘诀。

"是金子总会闪光。"他的高学历、艺术才华被领导赏识,他被委任合肥市工艺研究所所长、十竹斋负责人等职。1985年调任武汉江汉大学艺术系主任。他将自己的工作室颜为"伴此君斋"。他业余刻竹不急于动手,选材之后,每与为伴,相对兼旬或数月,直可对语。待其自行道出可雕制某题材,方施刀凿。故雕刻虽由我,选题实应归功于此君(竹)。室名之取义在此。

将竹材拟人化,可见他倾注感情之深。

不惜花费较长时间构思酝酿,又可见他的创作态度十分认真。

他"授课之余,刻竹自娱"。因构思时间长,并不多产,然新意迭出。如圆雕《斗豹》,王世襄称:"自晚明朱、濮以来,已四百年无此圆雕矣!"如竹筒圆雕《襁褓》,王世襄说:"取材竹筒,可谓前所未有","运用之巧,出人意想";如竹根雕《鲁智深》,王世襄说:"满腮胡须翻卷,假竹根圆斑雕成,有些夸张,却增添几分威武";如竹根雕《藏女》,王世襄说:"竹刻以藏族妇女为题材,尚未见第二例";另外还有竹根雕《银妆的苗家》、高浮雕笔筒《飞天伎乐》等。

他的竹刻技法是传统的,但依稀可以看出学院派的素描功底;形式、内容虽全面创新,却洋溢着传统竹刻的人文精神。这样他的竹刻艺术就升华到一个新的艺术境界。为此,《人民画报》以"独特的竹刻艺术"为题对他进行了报道,多家电视台跟进,分别以《周汉生的竹刻艺术》和《竹刻刀下的世界》为题向海内外介绍。王世襄知晓后对他赞不绝口。

竹刻笔筒鉴赏
周汉生的《荷塘牧牛图》笔筒

  尽管如此,他还是很低调,与他接触过的竹人说他比较清高。笔者认为他只是不愿做那种急功近利,只会抄袭模仿,不思创新,或只晓得叫画家代为设计打稿的竹人而已。

(图片由邕盦授权使用)

竹刻笔筒鉴赏
范遥青的《螃蟹》笔筒

范遥青的《螃蟹》笔筒

江南金秋，稻熟蟹肥。螃蟹是前辈竹人常用题材。他们将螃蟹与荷叶搭配，取谐音"和谐"。不过，蟹与荷叶比例不易把握，经常是荷叶显小，螃蟹嫌大。如今范遥青刻螃蟹就胜人一筹，他用写实手法——浮雕刻螃蟹，内容有趣，手法新颖，比例适中，刀工精湛。

范遥青刻这笔筒有三方面关系处理得很好。

一、装饰性与写实性。螃蟹采用写实手法，脚爪劲挺，双螯有力。身体壮硕，两眼灵活，可说栩栩如生，仿佛真螃蟹爬到了跟前。作为配角的稻叶带有装饰性，线条圆润、柔和，与螃蟹利爪富有张力、显得刚性成为对比。

二、深与浅。为使螃蟹跃然竹上，他深雕出身体、双螯，几只利爪背后还特地掏空。细节交代十分清晰，增强了感染力。稻叶处于笔筒口沿，他初用阴刻，然后过渡到浅浮雕，最后稻穗再用深浮雕。阴刻、浅浮雕、深浮雕，以及稻叶的层叠掩映，使笔筒也有三四个层次。

三、疏与密。优秀作品的构图十分讲究疏与密。这只笔筒就做到了疏处极疏——螃蟹四周很空旷，暗喻它可以任意爬行，取食方便；密处极密——口沿的稻叶垂下，重叠交叉。"荷蟹"（和谐）寓意十分美好，是以前竹人常刻，范遥青也曾刻过的题材，但蟹肥时节正是荷叶枯萎之时，虽然艺术创作可以合理想象，将两者放一起，不过还是让人觉得人工搭配的痕迹太重，不如这件

竹刻笔筒鉴赏
范遥青的《螃蟹》笔筒

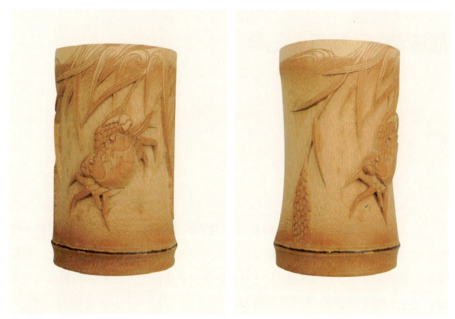

《螃蟹》笔筒

"蟹肥稻熟"来得自然贴切、野趣十足。

范遥青，1943年生，常州人，居雕庄。那里有农闲时做鸟笼、刻扇骨与麻将牌的习惯。他生活在这样环境中，从小就学会刻竹。与众不同的是，他志存高远，不甘心做一般工匠，要当竹刻艺术家。然而在农村要实现这样的想法是何等艰难，当时温饱尚未解决，购买三至四角的美术资料全靠牙缝里省下钱来。另外是家人一开始不太理解他的追求，范遥青几次亲口对笔者说起学艺的艰辛。直到1978年情况才有改观，那年常州工艺研究所接到一批出口竹刻的订单，能刻的人很少，负责人白士风想到了他，略加指点，他就参与了出口加工任务。

他深知自己文化程度不高，腹中货色少，影响竹刻品位提高，就每星期过

竹刻笔筒鉴赏
范遥青的《螃蟹》笔筒

两条河,步行去名士钱小山家,参加文人雅集,听他们侃史聊文。不要小看这种活动,参加多了,范遥青就感觉充实了。

他感到自己对竹刻知之甚少,就想方设法搜集有关资料,来拓宽视野。

竹刻大家金西厓曾于1948年写了《刻竹小言》,因时局动乱一直未能出版。金的外甥王世襄先生"文革"后期从牛棚出来,感慨竹刻遭"四人帮"摧残,再不抢救就要失传,就对《刻竹小言》书稿校订,自费油印出版,分送给竹刻爱好者。范遥青辗转多人有幸得到一本。他如获至宝,阅读后豁然开朗:原来竹刻还有这么多名堂!可惜见不到实物,也没有图片,无法借鉴。不久得到消息,香港收藏家叶义先生编著出版了画册《中国竹刻艺术》。他赶到上海准备邮寄一件作品换叶先生的画册。谁知那时尚未开放,严禁私人寄东西到香港。急得他好多天睡不着觉。后来打听到一位朋友的亲戚要回内地探亲,就托这位亲戚返港时带作品给叶义先生。叶先生是医生,知名度较高,这位亲戚曾去看过病,认识。接下来就顺利了,收到的画册令他眼界大开,想不到前辈竹人的作品如此精彩,范遥青不禁感慨万千。

更幸运的是叶义将他的情况告诉了至交王世襄。

王老本在为竹刻断层而发愁,得知他的坚持十分欣慰,就写信给他。

收信之时他正在晒太阳,思考着下一步怎么刻。阅信后他预感有贵人相助,自己要交好运了,竹刻有前途了,他马上回信。就这样,王老和小范几十年的交往就开始了。

开始是鸿雁传书,后来是银线载声,殷殷话语包含了一个竹刻艺术家矢志不渝的追求和老一辈专家的期盼。

王世襄感佩范遥青的执着,他在文章中说:"范遥青酷爱竹刻,甘于清苦,愿为艺术作出牺牲的个性和气质很难得。""他是真正的农民,由于刻苦自学,文史知识竟相当丰富,艺术修养也较有水准。"

后来,范遥青多次携作品进京,当面聆听王老教诲。王老则从内容、构图到刀法逐一点评,并取出自己的藏品讲解,介绍竹刻艺术的轶事趣闻,又带他

竹刻笔筒鉴赏
范遥青的《螃蟹》笔筒

到故宫博物院，欣赏所藏作品，使他受益匪浅。通过王老，他又认识了启功、黄苗子。二人对持之以恒刻竹的他大加赞赏，并分别作诗赠他。启功的诗：

青筠新粉女儿肤，游刃镌雕润胜珠。

天水詹成吾欲问，后来居上识将无？

黄苗子的诗：

绝技沉沦感切肤，眼明忽见草中珠。

琅玕镂罢耕春雨，人是羲皇以上无。

启功还为他题了"范遥青治竹"。

范遥青的朴实、执着感动了王老，20世纪90年代初，王老正式准予他入室，执弟子之礼。

1983年，纽约华美协进社在美国举办中国竹刻巡展，叶义先生送展多件藏品，其中就有范遥青的一件。这样一来，香港、台湾都有人向他订制作品。华裔作家董桥先生收藏了他刻的《观音像》和《红楼晴雯像》。2003年北京嘉德秋拍，作为王世襄学生的他仿刻田世光绘的一件《山林雉鸡图》臂搁，以154000元成交，破了现代竹人单件作品不过100000元的纪录。

新世纪宽容的氛围和收益的提高，促使他更加注重创新。

陷地深刻自清中期问世以来，两百多年间只有两种题材：白菜与荷花。范遥青经探索，将深刻与留青结合，创作出兰花、百合、令箭荷花等，突破了前人樊篱。

20世纪90年代初，英国伦敦的维多利亚·艾尔伯特博物馆东方部负责人柯露西，受博物馆委派到中国收集当代工艺品。几大城市巡视下来，她只选了范遥青的三件留青竹刻。陪同的王世襄老先生问她："刻者是个农民，知名度不高，值得你们收藏吗？"她笑答道："我们收藏的是艺术，不是名气！"

范遥青始终保持着农民质朴的本色，不张扬，也不炒作，默默在竹刻艺术田野里耕耘。环境、心境使然，创作出来的作品自然雅致、隽永，富有书卷气。为此，李一氓先生在《人民日报》上撰文："遥青竹刻，刻画极精，神采

竹刻笔筒鉴赏
范遥青的《螃蟹》笔筒

焕然……（他）是一位造诣很深的竹刻家。"

范遥青是竹刻艺坛的一朵奇葩。他受教育的程度不高，又身处郊区，这对刻竹极为不利。可他热爱竹刻，想方设法向懂行的人请教，又刻苦自学，提高自身的文化艺术修养。几十年如一日，坚韧不拔，终于感动老一辈专家王世襄。得到王老点拨提携，他进步神速，在刻法上迭出新招，为竹人们称道。作品被藏家认可，是对他几十年锲而不舍追求的回报。

应他请求，王世襄老先生在去世前两年为他写了《常州竹刻》和《白士凤竹刻集》题词，这是抢救性举措，十分不易。

且将王老为他赋诗作结束：

妙手轻镌刻竹肤，西瀛珍重等隋珠。

赠君好摘昌黎句，"草色遥看近却无"。

（图片由范遥青授权使用）

竹刻笔筒鉴赏
江寒汀画、徐素白刻《月季草虫图》笔筒

江寒汀画、徐素白刻《月季草虫图》笔筒

著名花鸟画家江寒汀画艺精湛，又乐于助人，有"小孟尝"之称。对前来求助的竹人无不欣然命笔，精心创作。因此竹刻艺坛留下了不少他与竹人合作的扇骨、臂搁、笔筒。这些作品由于绘稿精彩，在竹人施刀后件件成了精品。现介绍江寒汀画、徐素白刻的月季草虫笔筒。

《月季草虫图》笔筒

竹刻笔筒鉴赏
江寒汀画、徐素白刻《月季草虫图》笔筒

春光明媚的四月天,花园里百花齐放,蜂蝶萦绕。面对如此美景,没有人不感到心旷神怡。花园一隅,月季争艳。江老撷取一角,经营在竹筒上,定格在盛开的瞬间。俗话说:"红花还须绿叶扶",江老写叶下足功夫。只见叶子偃仰俯侧,伸展卷曲,各尽神态,十分精神,为花儿衬托。从枝梗的挺劲刚直看得出江老在笔端凝聚了很大力量。枝梗的梗性与叶子的圆糯形成了鲜明对照。花儿几朵,有怒放,有盛放,还有待放,多姿多彩,娇媚可爱,使人心生爱怜之意。更增添情趣的是蜻蜓栖息于花蕾之上,像是在欣赏眼下的美景,蝴蝶则依依不舍,萦绕其上。画面清丽、灵动、优美。江老用的是兼工带写的笔法,花瓣叶子为小写意,蝴蝶蜻蜓为工笔。工细的线条莫过于蜻蜓的双翅,仿佛让人感到晶莹透明的翼翅在颤动。江老运笔游走于写意、写实之间。人称他的画风儒厚秀雅、温润和煦,此画足证所言不虚。

江寒汀(1904—1963),名上渔,字寒汀,以字行,常熟人。

江寒汀从小聪慧异常,且勤奋好学,十六岁赴沪拜陶松溪为师学花鸟。他刻苦研习恽南田的没骨用笔,承接新罗、八大的意趣,博取青藤、白阳的墨韵,将前辈的特点融会贯通,注入自己感悟,创造了新的用笔敷色技法,并构思新的意境,形成了高雅清隽、豪放秀丽的小写意画风,被行家称为"江家花鸟"。

他的成功在于对描绘对象的细致观察和不断写生。大女儿圣华深情回忆:"那时家居斗室,一门三口,除了床、橱、杂物之外,作画只有方桌一张,拥挤不堪。但父亲却东一只鸟笼,西一只盆景,花鸟虫鱼,无一不有,尤其是经常养着三五只鸟。鸟语花香固然可以增加几分生活情趣,但起居坐卧,唯此一席之地,总觉有些举止不便。当时我们总认为他是闲情逸致,后来方才恍然:他种花养鸟,乃是为了观察琢磨之用……他经常放一只鸟笼于桌上,凝视入神,一支烟在手,几乎忘了一切,而鸟的飞鸣跳跃、啄食理羽,无不一一映入眼帘,默记心中。所以他所作花鸟画,无不神采奕奕、千姿百态。"

20世纪30年代,江寒汀的花鸟画以明丽秀润、灵动优美等特色打入"九华堂"。

竹刻笔筒鉴赏
江寒汀画、徐素白刻《月季草虫图》笔筒

"九华堂"位于福州路,是一家专营书画、扇笺、文房四宝的商店。那时外地赴沪书画家能得到老板黄锦堂的赏识,订润鬻艺,就能立足上海。任伯年默默无闻时,就因黄锦堂慧眼识才,经销他的作品,使之逐步走红。当江寒汀的作品展现在黄眼前,黄觉得江的前途无可限量,就倾力宣传,并不时将藏家意见反馈给江,使江的作品更上一层楼。

继承传统不断出新、造化为师和市场需求这三者造就了江寒汀海派花鸟画"四大名旦"之首的地位。

江寒汀的花鸟画迷住了众多藏家,也倾倒了外国艺术家。

1957年前苏联中的乌克兰艺术家代表团访问上海,到中国画院参观。当他们看到江寒汀不打草稿,不作修改,用水墨绘就一振翅欲飞、神采焕发的雄鹰时,顿时惊呆了。他们当场就邀江赴苏联办画展。为此江十分重视,精心创作了山鸡、双鸭、松鼠、竹石、丝瓜等几十件作品。可惜后来中苏交恶,江未能成行,失去了向外国友人展示中国画魅力的机会。

从生活上说,江寒汀除抽烟,还嗜好杯中之物。解乏是其一,调适心情是其二,期待创作出佳作是其三,微醺之后往往能得到意想不到的效果。一次,他去张乐平家,张置酒款待,半夜回家,醉意朦胧,画了一张水墨牡丹。那笔墨酣畅淋漓,感觉似乎平时从来没有过。他又乘兴题曰:"不饮一斗酒,写花不精神。"后众人见画,莫不拍手称赞。这与国画大师傅抱石凡有佳作,都能见到一闲章"往往醉后"一样,酒能使他们运笔如有神助。

20世纪60年代没有"养生"一说,现在想来可能是烟酒损害了江寒汀身体。正当他思想、技艺最炉火纯青之际,于1963年病逝,享年59岁,这不能不说是画坛一大损失。

20世纪四五十年代,他除为"九华堂""朵云轩"画谋食之作,还画了四套《百鸟百卉册页》,这些册页用笔精致,敷色清雅,所绘禽鸟栩栩如生,花卉秀美妍丽,充溢的精气神摄人心魄,令观者无不叹为观止。1951年画的一套曾在"朵云轩"2013年的拍卖中拍出1000多万的高价。这一数字折射的是藏家

竹刻笔筒鉴赏

江寒汀画、徐素白刻《月季草虫图》笔筒

对他作品的肯定、赏识和钟爱。

江寒汀虽蜚声画坛，成了大名家，但他生前为人谦和友善，曾为众多竹人如支慈庵、盛丙云、沈觉初、唐敏石、徐素白等在竹上绘稿，他对竹刻扇骨艺术做出了杰出的贡献。

《月季草虫图》笔筒由徐素白刻。

徐素白，1909年生，原名根泉，改名素白，号晓钟，常州武进人。

20世纪20年代的中国，尽管民国建立已多年，但由于军阀混战，民不聊生，城乡一片衰败，地处富庶江南的武进也不例外。为谋出路，十七岁的徐素白经同乡人介绍来到上海，在俞宏记扇庄当学徒（俗称学生意）。

学徒是辛劳的。每天清早、傍晚卸上二十四扇门板是必做的功课。开门后还得生煤炉烧水，为老板泡茶，然后扫地揩柜台，学习接待顾客。要是老板娘添了宝宝，有时还要抱小囡。除此以外，跑街送货也少不了（画家订购的宣纸、颜料要送上门）。那时没有八小时工作之说，晚上要等老板一家入睡才能休息。学本事全靠忙里偷闲，点滴积累。

学徒是艰苦的。店里管三顿饭，每月给些许零花钱。逢到生意好，老板高兴，就给添一身衣服。其他要靠勤快、嘴甜，博得客户好感，送货时给点小费。

说白了，学徒就是廉价劳动力，就是一个干杂活的小厮。

通过送货，徐素白认识了画家冯超然。

冯超然（1882—1954），名迥，字超然，号涤舸，晚号慎得，常州人。自幼酷爱绘画，十三四岁卖画已有收获。早年精仕女，以唐寅、仇英为法，晚年专攻山水，饶有文徵明秀逸之气。

冯超然1903年至1908年在补园（今拙政园的一部分）主人张履谦家中做清客，除绘画还常与陆恢、俞粟庐等名士谈艺论道、品书题画、交流心得。几年工夫，冯超然绘画技法、理论可谓双丰收，为他日后去上海发展打下了坚实基础。

冯超然告别了苏州补园园主邀约的"清客"身份，来到上海开始以鬻画为生。他定期参加豫园题襟馆的雅集，顺便到近在咫尺的计家弄俞宏记扇庄坐

竹刻笔筒鉴赏
江寒汀画、徐素白刻《月季草虫图》笔筒

坐,与老板攀谈一番,买两刀宣纸,添一些颜料。送货自然落在徐素白身上。几次送货,冯超然觉得他还机灵,又是同乡,关系就亲密起来。一次在嵩山路家里,冯怂恿徐跟自己学画,将来也好画扇面挣钱。徐知道给扇庄画扇面每张能挣二角银洋,本来想学苦于无门,如今遇着这样的机会,岂不是天大的好事,忙不迭叫起了老师。

冯超然就如何运笔演示给他看。过了一段时间,徐素白又来送宣纸,冯超然拿出一沓课徒画稿,嘱他抽空照着画。徐于是每天等老板睡后开始临摹,画上一两小时才睡。

临摹近一年,徐素白自我感觉还可以,就请老师教他如何画扇面,好让他尽快挣钱贴补老家。老师想让他学得扎实点,对他讲起了谢赫的"六法"。"经营位置、传移模写"他还能理解,"气韵生动、应物象形"虚而又玄,就有些不知所云。也难怪,"六法"对一个小学水平、阅历尚浅的年轻人来说是深了些。急于求成的他这才知道绘画远不如想象中那么简单,顿时萌生了退意。冯超然则认为于绘画他少了点悟性。

绘画终究没有学成,不过徐素白通过老师认识了不少书画家。

徐素白一次跑街送货,路过支慈庵新设的"兰经石室"。

支慈庵(1904—1974),竹刻艺术大师。

玻璃柜台里的竹刻作品引起徐素白的兴趣。以后每次送货,他都要绕到"兰经石室"看上一会,次数多了,就与支慈庵熟了。他就向支请教竹刻方面的知识。

支慈庵是张瑞芝的学生。张瑞芝师从周子和,周子和师从王石香,一路传承教个把学生绰绰有余。支慈庵见徐素白虚心好学,就朱松邻讲起,再讲磨刀、运刀及各流派特征。这些徐素白闻所未闻,仿佛给他打开了一片新天地。最入耳的是,支告诉他竹刻技法容易掌握,难的是自绘自刻有新意。一番话讲得徐素白心中窃喜。既然单纯运刀易,那我就先学易的再说。支慈庵得知他在扇庄做学徒,建议他学刻扇骨,并将自己刻好的扇骨给他看,指出哪把是阴

竹刻笔筒鉴赏

江寒汀画、徐素白刻《月季草虫图》笔筒

刻,哪把是留青。

徐素白用零花钱购买了刀具,找来了竹子,挑选课徒画稿中适用的摹写上去,每天晚上练习,尝试着各种刀法。

徐素白将习作带给支慈庵看,支一一指出不足,他就逐个改进。

有人写文章说徐素白师从支慈庵。不知什么原因,后来徐不肯承认是支的学生。

徐素白本来就聪明,而且沉得住气,刻苦练习没多久,阴刻、留青等运刀就自如了。三年学徒没学到什么,仅长了见识,私底下却学会了刻竹。所以一满师,他就跳槽到了璧寿轩书画店。

20世纪30年代,折扇风靡江南,带动了扇骨雕刻,因此上海云集了不少竹刻高手。徐素白还有一点聪明就在于他能审时度势。他知道金西厓、支慈庵、陈澹如、李祖韩等世家子弟具有得天独厚的优势——受教育程度高,学养深厚,人脉广,名声响,作品广受欢迎。即使是盛炳云经历与自己相仿,因背靠了张石园这棵大树,也不愁揽不到活计。自己文化低、根底浅是劣势,但自己在刀法上精益求精、善变,是优势。只要借重画家名头,请他们书绘,发挥自己优势,何愁不能与同行们争个高下?于是他千方百计结交书画家。他最早认识江寒汀,后陆续认识了钱瘦铁、白蕉、马公愚等。一天他打听到五云堂笺扇庄的小伙计沈智毅与唐云熟,就缠着沈为他引荐。就这样他与一大批沪上名家都有了联系,并结下友谊。他们之间采取换工方式,书画家为他书写绘稿,他为他们刻竹,所以书画家都乐于为他服务。他认真雕刻,日积月累,刀功越来越娴熟,唐云称赞他"不为成法所拘,别开生面"。

市场证明他的刻竹之路是成功的。扇骨上的名家书画吸引了不少客户,使他衣食无忧,且能养家糊口。

他的聪明还在于为每件作品做了拓片。1997年香港出版《徐素白竹刻集》,就是从1000多件拓片中精选出来结集的。

竹人不学书画,由别人起稿,这是一条容易成名的捷径。但竹刻艺术权

竹刻笔筒鉴赏
江寒汀画、徐素白刻《月季草虫图》笔筒

威王世襄颇有意见,他在《竹刻概述》中说:"至19世纪,于竹上表现笔情墨趣,更被多数竹人视为竹刻之最高追求。其始作俑者为周芷岩,而后继者不能自画自刻,有赖书画家代为设计打稿,刻竹者乃沦为单纯之刻工,遂导致竹刻艺术之全面衰落。"

但愿王老的话不是针对徐素白说的。

20世纪50年代中期,上海成立"工艺研究所",徐素白与支慈庵同时被吸收进研究所,从事竹刻创作。本文介绍的笔筒就是徐素白在研究所时所刻的。

(图片由邕盦授权使用)

竹刻笔筒鉴赏
精研竹刻的万一鹏

精研竹刻的万一鹏

竹刻内容除山水、人物、花鸟等，还有草虫。因为它能表达田园野趣，刻者、藏者都喜欢。

现在就来介绍万一鹏的《竹叶络纬图》笔筒。

笔筒取竹子根部两节，刻竹叶两丛，一只络纬（纺织娘）伏竹叶上，欲振翅鸣叫。

看到如此刻画，我们就能联想起江南乡村的夏夜景象，仿佛耳边响起了"嘎嘎嘎"的织机声，田野趣味油然而生。

与前辈竹人全景式山水笔筒不同的是，万一鹏撷取的是局部，如同大特写，竹叶、络纬十分写实。可以从三方面着眼欣赏。

一是浮雕与阴刻对照。

《竹叶络纬图》笔筒

竹刻笔筒鉴赏
精研竹刻的万一鹏

竹叶、竹枝采用深浮雕,甚至圆雕手法,特别是竹枝和络纬的大腿,脱离背景挑出,就需要掏空黏连部分,这是考验作者心细与否的关键之处,来不得半点马虎。

竹叶虽不多,但形态各异,有欹侧偏转的,也有平顺舒展的,十分自然、生动。络纬的翅翼及脚掌只有寥寥几刀,却形象饱满,为它增添了活气。

笔筒背面用阴刻法刻了胡厥文长篇题跋:

嘉定竹刻始于明代,盛于乾嘉,当时或由名流忿世藉以自隐,或以书画大家刻竹写意,如韩(侯)崝曾、周约之辈,都是前明遗老,不甘仕进。钱大昕、程庭鹭等乃是一代名人,每制一器,凝神默写,兴至奏刀,有经年而成者。是以瑰奇古茂,精雅绝俗,获得者珍如拱璧。逮清季则已成强弩之末。万君文元系画家赵大痴高足,精研竹刻,孜孜不倦。叔常三弟在大痴处见旧藏草虫笔筒,托为仿刻,然其形态已不若原刻之栩栩如生矣。迩近以政府培养,行将人才辈出,再仿精品,当更能神似也。一九五九年四月古疁胡厥文。

胡厥文是嘉定人,对竹刻的熟悉,对现状的担忧和对前景的憧憬全在字里行间透露出来。后来政府重视,引导竹刻恢复,他做了不少工作。

笔筒正反阴阳运刀,呈现刀法的多样性,足见作者的匠心。

二是动静对照。

一般来说,竹枝为静态,络纬爬行、摄食鸣叫为动态。但两者之间可以转化。微风吹拂,竹叶晃动,就为动态;络纬这时须警惕周围动静,蛰伏不动,就成静态。两者一动一静,就看观赏者如何联想。

三是疏密对照。

画面虽简单,但疏处如左面的嫩竹枝和几片新叶尽量疏,密处则不厌其密,不惜交叉重叠,遮盖掩映,还让络纬伏其上。疏密安排得当,画面虚实相生,气韵生动,于细致朴茂中透出了不凡。

万一鹏(1916—1994),字啸云、文元,嘉定人。他生于耕读人家,父亲雅堂也是竹人。万一鹏从小受到良好教育,少年时师从清末秀才、书画家赵梦

竹刻笔筒鉴赏
精研竹刻的万一鹏

苏学画，还跟随书法家童星录学书法，因此他绘画、书法基本功扎实。刻竹受家庭熏陶，无师自通。阴刻、留青、陷地刻、薄地阳文、深浮雕无不得心应手。父亲不时点拨，他的竹刻技艺日益精进。只是他生不逢辰，空怀一身本领。

赏玩竹刻，需要社会安定，百姓富足。自清末至民国，政局动荡，战乱不断，影响波及雅好竹刻的群体，使他们无心购买，造成市场极度萎缩。文玉斋、文秀斋、晴翠斋、云霞室、瑞芝斋、谢荫轩等十几家竹刻店，门可罗雀。竹人为自救，只能在烟盒、筷子、墨盒等日用品上刻一些吉祥、祈福的词语，以求销路。万一鹏为养家糊口也只能如此。竹刻艺术沦落到这一步实在令人痛心。

中华人民共和国成立后，政府采取措施组织合作社生产，竹刻得以延续，但仅限于外销。政治运动不断对竹刻发展产生阻滞，使之未能恢复元气。

这一颓势直到20世纪80年代才得以挽回。改革开放为竹刻艺术迎来了春天。但万一鹏已是老眼昏花的花甲老人，只能凭经验指导一些初学者。之前他曾抽空刻过些许作品，如本文介绍的笔筒，就是应胡厥文之请于1959年仿刻的前人作品。

就作品而言，诚如胡厥文所说"其形态已不若原刻之栩栩如生矣"。仔细回想当时形势，万一鹏能排除干扰，静下心来刻出这样水平，已属非常不易。

"非不能为，是不易矣！"

（图片引自《嘉定竹刻》）

竹刻笔筒鉴赏
潘行庸浅浮雕《松鹤图》笔筒

潘行庸浅浮雕《松鹤图》笔筒

竹刻是小道，以前收藏、赏玩的人都是文化层次较高的阶层，因此对竹人要求相对也较高。

有人戏谑："时代不幸诗人幸""愤怒出诗人"，而对竹人来说完全不适用。竹刻生存、发展需要社会富足和安定、宽松的氛围。现今要介绍的潘行庸生于动荡年代，经历战乱无数，在乱世中度过了大半辈子，靠着衰颓中的坚守，才成了"嘉定竹刻最后一位大师"。他的经历多多少少印证了上述观点。

潘行庸的童年是在父亲的唉声叹气和牢骚中度过的。

父松云在练祁镇商业街开设"松云斋"竹艺店，自产自销竹刻制品。

国运昌盛，竹艺产销两旺；国家衰败，竹艺销路一日不如一日。甲午战败，赔款皆从百姓头上盘剥而来。他经常听父亲哀叹："捐银（税）又加上了，买什么都涨，这日脚真没法过！"还有一句就是："加捐银（税），加捐银，只知道加捐银，就不顾老百姓死活！"

潘松云是老实本分的手艺人，想不出其他生财之道，只能在多产出上下功夫。这样，母亲在舞弄菜刀、铲刀之后，也拿起刻刀刻竹，好在嘉定竹刻风气浓郁，没人笑话这点。

父母都忙于生计，实在无暇顾及他的学艺。几年私塾之后，就让他到离家不远的"文秀斋"当学徒。

竹刻笔筒鉴赏
潘行庸浅浮雕《松鹤图》笔筒

"文秀斋"由时大经开设。时家是竹刻世家,到时大经已是第六代。少年潘行庸从小在家耳濡目染,对竹刻并不陌生,干完店里杂活,试刻一些简单作品,亦能像模像样。时大经适时加以指点,他很快掌握了多种技法。

三年满师,他已能用圆雕、深浅浮雕、浅刻等技法独立创作作品。

生不逢辰是他最大的不幸。军阀混战,时局动荡,随之而来的是日寇入侵,国共内战,使他空怀一身本事。《嘉定竹刻》画册序言说:"20世纪上半叶,嘉定竹刻处于停滞衰退时期,只有少数竹人苦守相望……这时期最有成就的要数潘行庸。"

市场极度萎缩,潘行庸只能暂停费时费力的圆雕、深浮雕创作,用浅刻在竹杯、手杖、筷子、墨盒、茶叶罐等日用品刻书画,赚取微薄的加工费,用以养家糊口。偶然利用间隙创作件把艺术品,因心境郁闷、沉重,也无法达到最佳状态。

转机出现在1955年,人民政府为恢复嘉定竹刻生机,指定他带领几个学生成立手工艺竹刻生产小组,传授竹刻技艺。这让他感到欣慰。他觉得有政府支持,嘉定竹刻有希望了。

生活安定、心情舒畅,使他创作激情重新焕发。他创作了一批圆雕、深浅浮雕、陷地刻等作品,为学生作示范。

在他悉心指导下,学生李志庸、叶怀生、叶田生、范勋元、张荣奎等努力学习,取得了不俗成绩。他们的作品参加1956年江苏省青年美术作品展,获得一致好评(其时嘉定还隶属苏州)。

1957年潘行庸代表嘉定竹刻艺人出席全国工艺美术艺人代表会议,受到朱德委员长接见。

竹刻本是文人雅士的赏玩之物,中国作协中有不少作家是行家,同年他们邀请潘行庸携作品赴京展览。展出引起轰动并得到国际友人赞赏。轻工部为此颁奖,给了潘行庸极大鼓舞。

潘郊(1886—1961),字行庸,号味庵,以字行。《嘉定竹刻》画册评价

竹刻笔筒鉴赏

潘行庸浅浮雕《松鹤图》笔筒

他"工刻小楷,善摹古本,能逼真,立体人物亦有研究"。

下面介绍他刻的《松鹤图》笔筒:浅浮雕《松鹤图》笔筒落款无年份,笔者推测刻于20世纪50年代中期,成立嘉定手工艺竹刻生产小组之后。那时的他心情好了,运刀就顺畅许多。作品特点有三:

一是光素的竹地与精雕的竹肌互相映照。

金西厓在赞扬吴之璠的浅浮雕时说:"朴质可见竹丝之素地,与肌肤润泽上有精雕细琢之文图形成对比,相映生色。"潘行庸继承了这一刻

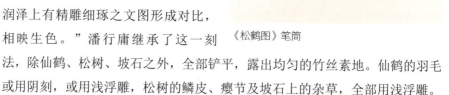

《松鹤图》笔筒

法,除仙鹤、松树、坡石之外,全部铲平,露出均匀的竹丝素地。仙鹤的羽毛或用阴刻,或用浅浮雕,松树的鳞皮、瘿节及坡石上的杂草,全部用浅浮雕。

精雕细琢的竹肌与光洁的素地竹丝互相映照,越发显得生动。

二是疏密映照。

松针密密匝匝,似不透风,但松杆交叉相间,中留空档,仙鹤周围留出大片空白,极其疏朗。疏密映照,章法上佳,令人赏心悦目。

三是动静映照。

两棵松树挺拔高耸,是静态;仙鹤正欲跨步觅食,是动态。一静一动,动静结合,画面生机盎然。

这件作品为传统题材,运用传统刀法所创,体现了他的深厚功力。现藏嘉定博物馆。

(图片引自《嘉定竹刻》)

竹刻笔筒鉴赏
白士凤的红木镶嵌竹刻笔筒

白士凤的红木镶嵌竹刻笔筒

将竹刻镶嵌在红木器物上，使之实用性、装饰性、观赏性并重，这是近现代才有的事。率先创造这一形式的是常州工艺研究所。现介绍著名前辈白士凤先生的镶嵌笔筒。

方形的竹片左上方一苍鹰躬身耸立松树枝头，极目远眺，欲展翅飞翔，翱翔蓝天。鹰雕刻得极其精神，翅上一至三层羽毛轮廓不用弧线，而是用剔丝刻出，具有拉毛的感觉，足见白老运刀细腻。

松树节疤、鳞皮及针叶逼真、生动，又见白老一丝不苟。

这是白老七十（虚岁）时所作，刀工已炉火纯青。

白老这件作品也可说是他自况。尽管他已属古稀，但仍"壮心不已"，希望自己像苍鹰那样搏击长空。人们常说"诗言志"，这件作品何尝不是言志！

背面竹片上刻的是王世襄为白老亲笔题的诗：

漫说希黄迹已陈，又逢妙手削青筠。

剧怜留得青如许，现出人寰万象新。

王老对白老的赞颂、期许表露无遗。

红木笔筒镶嵌竹刻，一诗一画，见证了白老的精神境界和所取得的成就。

白士凤（1923—1997），常州雕庄乡白家村人。

雕庄乡的农民不甘冬闲无所事事，设法做鸟笼、雕麻将牌来贴补日常开

竹刻笔筒鉴赏
白士凤的红木镶嵌竹刻笔筒

红木镶嵌《松鹰书法》笔筒

销。白士凤从小生活在这样的环境中,对竹子十分亲近。家中虽不富裕,但父母还是从牙齿缝里省钱送他上私塾。比起那些读不起书的农家子弟,他要幸运得多。

年岁逐渐递增,《千字文》《三字经》《增广贤文》和《论语》早已读得滚瓜烂熟,毛笔字也学得有模有样,白士凤读了六年,见学的内容与时代脱节,就退学帮父亲打理田里庄稼。

转机出现在17岁那年,在上海经营扇庄的同乡王根甫愿意带他去沪学生意。

可惜的是机不逢时,其时正是日寇全面侵华,在占领区加紧掠夺,铁蹄下的上海市民不聊生、市面萧条,先前曾有过的折扇热销场景再也不复返,王根甫的扇庄惨淡经营,不倒闭已是万幸。白士凤干完所有该干的杂活,忙里偷闲学习刻竹,以便日后刻扇骨挣钱。

严酷的时局、压抑的氛围使他养成了内敛、沉静的性格,虽然不利与人交

竹刻笔筒鉴赏
白士凤的红木镶嵌竹刻笔筒

往,但对刻竹未尝不是好事。日后他刻花鸟鱼虫一丝不苟、精益求精就得益于他的性格。

他那时十分勤奋,因有私塾打下的基础,临睡前总要临帖,学习书道。几年后,他离沪返乡,已写得一手好字。

回乡,他显得十分明智。他明白自己的短处:不肯厚着脸皮求人,不会伶牙俐齿与人打交道,不善鉴貌辨色办事。这些都是外乡人立足上海所必须具备的,没这些,很难有所作为。于是抗战胜利那年,他带着娴熟的竹刻技艺毅然返回家乡。

他这一决定,当时可说并不经意,但若干年后常州成为"竹刻之城",就显出他决断的英明了。

艺术品的收藏、欣赏讲究氛围和心情。竹刻艺术受众既少,又知音难觅。国共内战及1949年后运动不断,竹刻收藏群体消失。这种形势下,他首先要谋稻粱,业余才能刻一件作品练练刀。

他的执着终究带来了回报。20世纪50年代中期常州市总工会多次在红梅公园举办职工学文化成果展览。白士凤每次都选不同的臂搁、笔筒参展。作品上面潇洒俊朗的书法引起了人们的关注,从此他崭露头角。1960年,国家组织工艺品出口,常州成立工艺研究所需要竹刻人才,自然想到了他。而之前他一直在某厂当机修工。

研究所与以前工作的工厂真有云泥之别。能从事心爱的工作,他心情是舒畅的,尽管那时国家困难,物资供应匮乏。处于物我两忘的白士凤,汲青果巷灵气,撷希黄菁华,静下心来创作了不少精品,并研究设计出红木台屏、插屏、笔筒镶嵌竹刻的高档装饰品,扩大了出口销路,常州工艺研究所由此名声在外。

20世纪80年代初,福州转来外贸订单,白士凤趁机培训了范遥青等一批竹刻人材,为"竹刻之城"奠定了基础。

形式完美的红木装饰加上雕工精湛的竹刻组合出口到东南亚,极受欢迎,

竹刻笔筒鉴赏

白士凤的红木镶嵌竹刻笔筒

改革开放后有些藏家到常州探寻产地,其中就有一位香港医生——叶义。他收藏竹刻已有些年头,见了白士凤的作品陈列,十分喜爱,就购了几件。1978年叶义编著出版《中国竹刻艺术》一书,收录了白士凤作品的照片。后白士凤用一件竹刻小品换到了这套书。

进研究所后生活安定、工作顺心,并没有使他止步。他是个勇于进取的竹人,这表现在业余时间刻苦学习文艺理论上。当时常州知名学者钱小山住处与白家村仅一河之隔,星期天他会赴钱府参加雅集,聆听那些文人学者探讨文艺创作的规律和艺坛创作的轶事逸闻。文风艺韵的熏陶,极大提升了他的鉴赏水平,拓展了他的视野。反映到创作中,他不光刻传统题材,新社会新事物也在刀下出现。最著名的是留青刻《斗风雪保春羔》,表现了草原英雄小姐妹龙梅、玉荣的事迹。

王世襄离开牛棚不久就到常州看望白士凤,见到《斗风雪保春羔》这件作品,不禁诗兴大发:"漫说希黄迹已陈,又逢妙手削青筠。剧怜留得青如许,现出人寰万象新。"又点评说:"白老运用留青这一传统技法,似乎毫不费力做到了这一点,从这里我们看到他的卓越艺术才能和深厚的技法功底。老竹人刻新题材,好像春树绽放出绚丽的新花。"王老把作品照片带回京城,与友人同享喜悦。黄苗子受感染,也题诗一首:"昆刀善刻失清甫,大璞新石濮仲谦。何似常州白居士,出新吐故更鲜妍。"

白士凤擅长留青花鸟、山水、人物及仿刻名人书迹,真草篆隶无所不能。刻花鸟一般由画家丁竹绘稿。他刻得最精彩的要数梅花。他用侧锋运刀刻拙折枝干,圆润轻柔运刀刻花瓣,小心翼翼运刀刻花蕊。开始他还杂以阴刻,后来他一律用阳刻。这样运刀次数徒增一倍以上,他也不厌其烦,为的就是要刻出梅花精神、风骨、韵味。

白士凤的作品为艺术宝库存量刷新了纪录,也为研究所增加了效益。他刻的《孙子兵法》十三篇,由竹简镶拼而成,面积达九平方米,再配以红木框架。曾获江苏工艺美术百花奖和紫金杯大奖,受到新加坡人的垂青,最后出价

竹刻笔筒鉴赏
白士凤的红木镶嵌竹刻笔筒

几万元携归。几年后台湾藏家见了爱不释手，以高出几倍的价格购去，着实让新加坡人狠赚了一笔。这就是白老作品魅力引发的传奇。

即使退休之后，白老仍刻竹不止，探索之路永不停步。本文介绍的笔筒就说明了这点。王世襄得知后大加赞誉："近一二十年来，常州已形成一个竹刻中心，涌现了几位有成就的竹刻家。这对一个中型工业城市来说应该是一种骄傲，白士凤先生是常州竹人年岁最长、成熟最早的一位，对当地后起之秀颇有影响，起着启迪示范的作用，因而格外值得尊重。"

（图片由范遥青授权使用）

竹刻笔筒鉴赏

海派竹刻的代表——王威

海派竹刻的代表——王威

明晚期竹刻兴起,以高浮雕面世。至清中期,薄地阳文、陷地深刻、圆雕等技法相继出现。清晚期趋向"平浅单一",相对于以上几种技法,"留青"比较容易。所以今天竹人刻"留青"者成了大多数,只有少数人还坚守当初传统技法,其中之一就是嘉定竹刻协会会长王威先生。

现介绍他的深浮雕《夏日虫鸣图》笔筒。

该笔筒最妙处就在于自然。他取根部一段,分枝就从竹节处伸出,粗一看惟妙惟肖,还以为是天然生成,实际是他雕刻而出。竹叶两丛,有疏有密,形成明显对比。一鸣虫侧身停在竹丛上,正在进食。雕刻之精细可以从触须,前四足挑空、脱离背景等处看出。更令人叫绝的是另一鸣虫腹部朝外,用阴刻法表现。深浅凹凸随虫的各部位起伏而定。这样的刻法前辈竹人支慈庵曾用过。整体看,效果相当好。深浮雕夹杂阴刻,这是嘉定竹刻传统技法之一,说明他对传统技法领会之深。

竹叶片片,他运用层叠掩映法,这也是以前竹人常用的手法,增加了层次,增强了空间感。他对细节十分重视:竹叶掩映正侧,形态各异,还不忘在叉枝上添几颗芽苞;几片竹叶"过墙",借鉴了"官窑"瓷器画梅竹"过墙"手法。这些是"六法"中"气韵生动"的最佳体现,为"夏夜虫鸣"作了最好铺垫。

竹刻笔筒鉴赏

海派竹刻的代表——王威

《夏日虫鸣图》笔筒

细致逼真的鸣虫置身于这样的氛围,"此时无声胜有声"。

艺术创作需要场面宏大、激越振奋的史诗,也需要野趣十足、调适心情的小品。《夏夜虫鸣图》笔筒就是这样的小品。

王威是嘉定安亭人,出身于书香门第,父亲是美术教师。他从小耳濡目染也爱上了画画。上学前,家中墙上都是他的涂鸦之作。上学后,他最喜欢上美术课,老师布置作业,他总是发挥自己想象力,出人意料加以完成,显露出美术天赋。

中学期间正逢"文革"动乱,别的同学忙于"打打杀杀",他利用这段时光跟随父亲点染皴擦,兼画石膏几何体和耳鼻眼。轮到下乡插队当知青,大多数人迷茫、失望、消沉,而他在大田劳作之余,仍坚持画速写,并临池不止。特别是下雨天不能出工,他不肯浪费时间,不停挥毫,体会墨韵之妙;或勾轮廓、上明暗,练就犀利目光。

机会总是垂青有准备的人。返城后他获得了浙江美院的进修机会,受到了

竹刻笔筒鉴赏

海派竹刻的代表——王威

严格的绘画训练，造型能力大大提高。

当嘉定工艺品公司竹刻社敞开大门召唤时，他已做好在竹刻领域大干一场的准备。

为尽快进入创作，他尽可能多地观摩前辈竹人的作品。听说常州范遥青坚持刻竹不间断，就乘火车到常州。然而那时农村交通极不方便，当他找到去雕庄的汽车站，每天一班的车早已开走。他决心步行前往，这在现在看来简直是不可思议的事。走了大半天，见到范遥青，范为之感动不已。两人切磋交流，唯恨相见太晚。王威感觉步行几十里虽很累，但收获很大，不虚此行。

观摩多了，美术基础又深厚，他成竹在胸，创作出来的作品得到了一致赞誉，海外藏家争相收藏他的竹刻。

为发扬光大嘉定竹刻，王威调入博物馆，开班收徒。只是这些学生图省事，很少用圆雕、高浮雕等技法，大多刻留青去了。

竹刻中圆雕是考验竹人本领的试金石。金西厓在《刻竹小言》中说："竹刻之难，圆雕居首。"他总结圆雕有五难，"难中之难，尤在神情之攫捉"。

有人说刻留青难。其实留青在竹刻难易程度中排在最后。圆雕、深浮雕、薄地阳文、陷地深刻、阴刻，然后是留青。留青中以花鸟鱼虫最易，人物较难。否则众多竹人不会一窝蜂刻留青花鸟鱼虫了。

王威弃易就难，圆雕、透雕、深浮雕、薄地阳文、陷地深刻，轮番上阵，而且以人物为主，无论是东坡、羲之，还是稼轩、之璠、达摩，都以神情刻画见长，一人一态，毫无雷同之感。要说传承人，王威才是嘉定竹刻真正的传承人。可惜像他这样勇于挑战、迎难而上的竹人太少了。

王威全面继承了嘉定竹刻的传统技法，有作品为证。《王威竹刻艺术集》中几十件作品，圆雕有八件、透雕四件、深浮雕三件、薄地阳文十二件、陷地深刻两件。众多竹人趋之若鹜的留青，他只刻了一件。

为了表达对薄地阳文技法首创者吴之璠的尊崇，他特地用此法创作了一件《之璠研刻图》臂搁。作品中之璠风度儒雅，神情专注，人物造型精准，面部

竹刻笔筒鉴赏
海派竹刻的代表——王威

刻画精细，显示出作者的深厚功力。对笔者来说，一般性的作品还难以入眼，但这件作品深深感染了笔者，引起了共鸣。

之璠研刻图头像

王威竹刻的一大特色就是脸部刻画糅进了西洋雕塑技法。以前竹人刻五官起伏不大，甚至用阴刻线条表示。好处是能使"坚实而润泽之表层肌肤"最大限度保留，不足的是容易程式化，难以刻出性格特征。而王威以自己坚实的素描功底，细致严谨刻出五官，特别是眼睛，留出眼白，眼珠深挖，在光照下，非常有神。这些写实手法，很好表现出人物性格、内心活动。

传统刻法头像

王威竹刻的另一大特色是繁简结合。脸部刻画他运用了解剖、透视方面的知识，使之俯仰正侧皆合法度，头发、胡须不厌其烦，一丝一丝刻出，非常精彩；而身着宽袍大袖，只寥寥几刀表示衣褶，简到不能再简，如《之璠研刻图》《抱琴图》《醉里挑灯看剑》《东坡赏梅》《清以自修图》等。这种手法使笔者想起了荷兰肖像画家伦勃朗的肖像画。他将脸部置于强光下，细致描绘，其他部位细节省略，只画大概，并处于暗处。王威的繁简结合是不是与伦勃朗有异曲同工之妙？

上海历来是中西文艺交汇、融合的地方。王威在全面继承嘉定竹刻技法的基础上，吸收外来文化艺术的长处，形成了他的海派特色。

金西厓曾希望"当世之专攻雕塑者，除凿木石、抟泥膏外，更以竹材为之，俾使吾国专门艺术再振重光，不亦伟乎！"如他得知王威的海派竹刻问世，一定会含笑九泉！

（图片引自《王威竹刻艺术》）

竹刻笔筒鉴赏
乔锦洪的《竹》笔筒

乔锦洪的《竹》笔筒

用深浮雕刻出的一支老竹斜倚在笔筒中央，下有嫩竹叶若干，竹梢上分枝杈折向下，竹叶几片，婀娜多姿。老竹与笔筒若离若即，这是乔锦洪将老竹背面局部掏空取得的效果。细看笔筒，构图简单，不禁使人想起郑板桥的小品，

《竹》《莲藕》笔筒

竹刻笔筒鉴赏
乔锦洪的《竹》笔筒

《荷花》笔筒

一丛竹子,寥寥几片竹叶,清新醒目,意蕴无限,题词:少少许胜多多许。不是与这笔筒的风格十分相似?

乔锦洪继承了明清以来深浮雕的技法,秉承了母亲张契之的创作理念,摈弃了以往画面繁复的习惯,以少胜多,以简胜繁,一器一主题,抒发感情,寄托情思,闯出了一条新路。

乔锦洪,1947年生,原名林,号竹庐居士,无锡人。他出身于竹刻世家,外祖父张瑞芝是民国时期有名的金石篆刻、竹刻家,曾师从周之礼学习刻竹,在沪设"慨吾庐"印社,专营碑帖、印谱、竹刻,并代客刻印。后返无锡开设"双契轩"印社。

在外祖父亲炙之下,舅公支慈庵、母亲张契之都成了有名的竹刻家。

从小耳濡目染,他心中埋下了长大也要刻竹的种子。

竹刻笔筒鉴赏
乔锦洪的《竹》笔筒

乔锦洪是不幸的。1966年高中毕业正逢"文革"动乱开始,全国高校停止招生,阻断了他的"大学梦",不久又到苏北农村,当了一名插队知青。

他又是幸运的,他有一位伟大的母亲。母亲每天吃个半饱,为的是省下粮票支援他,免得他在农村挨饿;更从精神上引导鼓励他,嘱他牢记"与竹为伴,以竹为则"家训,像竹一样,做一个正直、虚心的人;还让他带上竹爿,不忘利用业余练刻。

其时,他母亲的年纪、身体已不允许到山里去选购竹子,多方打听得知郊区供销社有新扁担出售,她立即赶去挑选了几根,回来截成臂搁毛坯。春节假期满返回农村,别的知青大包小包都是家中省下的食品,以便日后补充,他比别人多带的一大包却是竹刻毛坯。

"面朝黄土背朝天"的插队生活是艰苦的。生产力低下,拼的是体力;收成不好,温饱都成问题。乔锦洪因有了母亲支持,对这些都淡然处之。枯燥乏味的业余时间,他却过得充实有味,因为他不停地尝试各种刻法。每当试刻成功,手捧作品仔细审视时,愉悦快乐就从心头升腾。难熬的是严冬,手冻僵运刀不灵活,只能不断呵气暖手。所以每一个冬天他都是冻疮累累。夏夜虽无冻寒之苦,但蚊子不断袭扰,不胜其烦。他只能用旧报纸做头罩,留两孔套在头上,手臂和腿用报纸裹起来,这样总算能安静片刻。

不断练刻,几年下来,阴刻、留青刻、深浅浮雕,直至圆雕,他都运刀自如,所以当知青返城,他已是一个技艺娴熟的竹人,1979年顺理成章进了无锡工艺研究所。

工艺研究所的工作环境与插队的农村相比,真有天壤之别,可他不是乐享安逸的人,又开始了新的追求。他参加了自学高考中文专业的学习,利用业余时间阅读了所有课文,定期参加辅导。几年努力终于考试成绩优异,获得了毕业证书。文学艺术修养的提高对他日后总结刻竹心得大有裨益,他著有《中国古代竹刻艺术》《江南竹刻艺术研究》等。

乔锦洪作品以仿生深浮雕最为突出,如荷花、莲藕、梅兰竹菊等。他治艺

竹刻笔筒鉴赏
乔锦洪的《竹》笔筒

严谨,刀不苟下,为完美地表现这些心中的"圣花",常常经年累月方能完成作品。他的作品简单、简约、简洁,立体感强,在"平浅单一"的留青刻成风的当下,别具一格,有着极强的感染力。看了他的作品,无锡市选他为国家级"非遗"传承人就不难理解了。

(图片由乔锦洪授权使用)

竹刻笔筒鉴赏
张泰中刻《翠堤放牧图》笔筒

张泰中刻《翠堤放牧图》笔筒

《翠堤放牧图》笔筒是张泰中与著名青年画家陈如冬合作的一件作品。

牧童放牛是表现田园野趣的最好题材，历史上画这题材的画家很多。近现代画家如徐悲鸿、刘海粟、李可染等，更是将这题材频频入画。陈如冬与前辈不同的是，他摒弃了水墨写意技法，采用工细严谨的宋画笔法。

宋画主流是院体画，由一些宫廷画家所作，造型精细入微，笔墨精致，设色淡雅，与后来的文人画逸笔草草、恣肆狂放不同。这是考验画家功力的绘画。以这样的画入竹，同样考验着竹人的刀功。从笔筒呈现的效果看，泰中没有辜负这幅佳作。

《翠堤放牧图》笔筒，从牧童、牛的轮廓线所体现的节奏感，可以看出运刀的疾徐轻重，特别是牧童衣袖、裤腿，牛的腿部线条细微变化，完美体现了原作的墨韵。

堤边两棵杨树刻得十分精彩。树干皴裂带有瘿节，泰中运刀时，时而用中锋，时而用侧锋，顿挫折拙，淋漓尽致地将枯笔效果表现了出来。所以刻毕这一部分，他心情非常激动，感觉如有神助一般。

虚实关系中的"实"，只要刻出肯定明确的线条，"虚"就较难处理。但这也难不倒他，树干上的"虚"，他轻轻地刮，牛肚及下颌用蓑衣底刻法。这样，既有"虚"的效果，又显示了各自的质感，虚实相间尽在用刀变化之中。

竹刻笔筒鉴赏

张泰中刻《翠堤放牧图》笔筒

《翠堤放牧图》笔筒

  牧童的圆脸、屁股以及牛角、牛背线条圆润而不失有力劲挺,与树干、枝杈、节疤线条折拙,而呈现的厚重凝练形成了鲜明对照。

  寥寥几刀将牧童稚嫩可爱的脸部刻得十分传神,悠然的神态虽说是原作者的神来之笔,但也得力于泰中的精心刻画。老牛回眸呼唤,小牛急步上前,两只牛眼线条刻得精微到位,很不容易。

  泰中根据笔意,用刀善于变化而不失精准,因此画面生动,墨韵十足,趣味无穷。这是一件非常成功的阴刻作品。

  画稿作者陈如冬,1970年生,当代著名画家。自幼喜爱绘画,后受业于著名画家陈德奎先生,毕业于苏州工艺美院,现为吴门中国画研究院副院长。所绘作品画面饱满,技法娴熟,设色清雅。作品于1993年至1994年曾两次在香港

竹刻笔筒鉴赏

张泰中刻《翠堤放牧图》笔筒

展出。1998年又在深圳办大型个展。

张泰中，1968年生，又字太中，号竹道人。

他从小喜欢绘画，信手涂鸦，十分可爱。上中学时进"国画兴趣班"，开始运笔皴擦晕染。后考上了工艺学校，毕业后被分配到扇厂，师从名家杨惠义学刻扇骨，成为盛丙云的再传弟子，开始了竹人生涯。

他们这一代竹人是最幸运的，恰逢改革开放，传统文化中的优秀作品经高级的印刷技术大量复制。他如饥似渴地汲取、消化，游走于国画、刻竹之间。

为探究国画的奥秘，他就教于著名画家张继馨、张晓飞、徐源绍、黄钟、陈如冬，听他们谈运筹"六法"、挥毫涂抹的心得，吸收对自己适用的部分，化为笔端的提按顿捺。

为能多出佳作，他立雪于徐秉言门下，又携竹刻习作拜访前辈沈觉初、周玉菁，聆听他们教诲。凡是刻竹有点成就的竹人，他都去切磋交流。来往于众多"师门"，他受益匪浅。

他深知刻竹要攀高峰，关键依托于绘画水平。绘画水平的高下取决于有无艺术理论指引。于是他继续进修于南京艺术学院，深造于苏州丝绸工学院。辗转于多个"校门"，艺术修养得到极大提高。

当他对竹刻历史深入了解后，立志当一个周芷岩式的竹人。

周芷岩是清中期的一位画家兼竹人，他可以不绘稿直接在竹上恣意挥洒，刻山水、花鸟，是用竹刻表现文人笔情墨趣的开创者。

目前，张泰中离这目标越来越近。几次在展览现场，根据观众需要，他不打草稿，立马在竹上挥刀，疾徐自如，一会儿就刻出一幅浅刻山水或花鸟，所以人们称他为"快刀手"。

不要以为"快"就是粗率，也不要以为他只求"快"。如果他与名画家合作，会仔细琢磨画家的笔意、作品的意蕴，或酣畅淋漓，或精微细致，刻上十天半月，甚至一个月，力求完美刻出原作墨韵。本文介绍的《翠堤放牧图》就刻了半个多月。

竹刻笔筒鉴赏
张泰中刻《翠堤放牧图》笔筒

　　泰中转益多师、博采众长，使他倚桌能皴擦晕染作画，伏案能驰骋纵横刻竹。由于好学进取，文化底蕴深厚，无论绘画、竹刻都取得了不俗成绩，他的扇面《幽山高隐》获苏州首届英才扇面新作展佳作奖，国画《秋声》被中国美协苏州创作中心收藏，《秋满溪山》入选江苏省第二届山水画展。扎实的绘画功底使竹刻格调高雅、淳厚，获全国民间工艺美术书法展精英奖的有《松下高士图》和《双虎》，《寒香》则为中国竹刻艺术网收藏。

　　泰中除绘画刻竹，还善于团结热爱竹刻的"粉丝"，热心竹刻协会工作。前几年苏州竹刻协会成立，他众望所归，担任会长。协会初期只有十多名会员，由于竹刻和他个人的魅力，至今已拥有六十多人。一直担心竹刻会失传的王世襄老先生在天之灵得知这一情况，一定会感到放心和欣慰。

（图片由张泰中授权使用）

竹刻笔筒鉴赏

倪小舟的《西园雅集》笔筒

倪小舟的《西园雅集》笔筒

王世襄担心"盛行于往昔，曾创作出雕刻精品之圆雕、高浮雕、透雕诸法逐渐失传"。其实王老的担心是多余的，尽管多数新竹人会选择较易的留青刻，但富有进取心的竹人仍会用高浮雕、圆雕等较难的技法来创作，倪小舟就是这样的竹人。

现在来剖析他的《西园雅集》笔筒。

《西园雅集》说的是北宋时期大文豪苏轼、黄庭坚、秦观、晁无咎等聚集西园，浅唱低吟，畅叙友情的一次活动。后来米芾、杨士奇作了《西园雅集园记》，描绘了当时盛况，给后世艺人创作留下了文字依据。倪小舟以同名宋画为范

《西园雅集》笔筒

竹刻笔筒鉴赏
倪小舟的《西园雅集》笔筒

本,根据竹筒特点进行运筹,重新作了安排,雕刻技法则视意境而定,并不拘泥于一种刀法。综合来看,他做到了三个结合。

一是写意与写实结合。

既称雅集,文人不会只有一两个,倪小舟刻了十几个。因为人多,形体只能缩小,运刀受限制,他采用了写意手法,细节省去,高度概括简略。即使如此,仍能清晰看出所有文人的神情相当专注,黄庭坚盯着颔下无须正挥毫作赋的秦少游,秦的背后站着老师苏东坡,东坡背后是佛印带来的小沙弥,佛印和尚站在外层……

两棵松树雕刻十分细致,主干上的节疤、鳞皮清晰可见,非常写实。他继承了吴之璠所创的层叠遮掩法,将前一棵与后一棵、主干与枝杈交叉重叠,加强了景深。

写意与写实结合使作品既有广度,又有深度,不因场面宏大、人物众多流于浅显,又不致被误认为粗率单调。

二是深雕与浅刻结合。

深雕一般深入五六层,倪小舟做到了。刀锋所至,枝干或挑出,脱离背景,或隐于前树之后。令人称奇的是,即使是案桌边垂下的长卷一段也极其生动。这些都为深雕。

远处巉岩壁立、清溪湍急及近景松针、脸部五官都为浅刻。

深雕与浅刻结合,体现了倪小舟对全局的精心运筹和掌控多种刀法的能力。

三是疏密结合。

篆刻章法讲究"宽可走马,密不容针",倪小舟深谙此道,并借鉴到竹刻当中。其中人物分成两组,一组八人,一组十人,第一组秦少游与东坡有间隙,其他都是人挨着人,密不透风。然而两组人中间留出大片空隙,布置山水,营造出一片幽静、雅逸的氛围。松针更是疏密有致,层次丰富。

金西厓在《刻竹小言》中说高浮雕"层次变化多于浅浮雕,景物亦更圆

竹刻笔筒鉴赏
倪小舟的《西园雅集》笔筒

浑,或竟有如立体圆雕者。赵圻《竹笔尊赋》序曰:'一尊之间因形造境,无美不出。洼隆浅深,可五六层,漏沉其次也。'寥寥数语,颇能道出高浮雕设计造型之特色。为作画稿,除顷已道及随铲、随画、随刻之法外,恐更无简易之方"。因为要随铲、随画、随刻,一般竹人视高浮雕为畏途,只刻留青,而倪小舟迎难而上,创作出《西园雅集》高浮雕笔筒,过后他又刻《伯牙抚琴》等七八个高浮雕笔筒,为的是熟悉前辈竹人各种刀法,在传承基础上创新。这些体现了他的进取精神和深厚功力。

倪小舟,1962年生,昆山人,从小阅读古文得知古代文人爱竹,他仿效先贤为自己取字"问竹"。青年时期他曾去皖南山村住了三年,为的就是赏竹,与竹亲密接触,兼提高自己的文化艺术修养。成为专业竹人后,每年秋冬他总要去山里选竹、采竹。他的足迹踏遍宜兴、安吉、遂昌、磐安,还有龙游的山野竹林,最远曾到云贵川交界的大山里。"功夫不负有心人",他采到了心仪的琼竹、楠竹。他仰慕竹的高洁坚贞,钦佩竹的虚心,感叹竹的默默奉献,他努力用竹的品格锻造自己。"60后"中像他这样爱竹的竹人是极罕见的。

"爱屋及乌"这一成语用在倪小舟身上是最贴切不过的。他爱竹,连带爱上了一切竹制品。遇有合意的,他一律收入囊中。一次去西塘,看到古玩店内有"竹夫人",颜色已发红,他毫不犹豫买下。一次在公交站台见一乞丐手中的叫花竹棒,颇可爱,又将它买下。他还收藏了有些年头的多节鱼竿,编织精美的竹篮……如今这些竹制品静静地陈列在昆山巴城的"倪小舟博物馆"。

为使自己的竹刻作品有内涵,他刻苦学习传统文化,博览书画典籍,并与著名书法家沙曼翁结成忘年交。与沙老的切磋,加上自身的悟性,使他对刻名家书画有了更深理解。因此各地书画家直接在竹上替他挥毫,他能十分精准地刻出笔意墨韵。他根据书画家们运笔轻重、疾徐以及墨迹浓淡、枯湿,决定运刀深浅、迅缓、轻重。他刻的沙曼翁、陆家衡、老铁、华人德、王锡麒诸位的书画十分精彩。

他取得的艺术成就引来好评如潮,沙曼翁除为他书斋"友竹轩"书额,还

竹刻笔筒鉴赏
倪小舟的《西园雅集》笔筒

赞道:"吾友倪小舟兄生性清逸,雅好爱竹刻,并与竹为友,自署斋额曰'友竹轩',索为书因记之,爱新觉罗·曼翁年八十六。"

华人德题:"'毫芒之间,游刃有余。'昆山倪君小舟擅刻竹,所刻与原迹不失毫发,雅致精微,有书卷之气。庚寅岁九月初吉于古薇山房。"

马伯乐题:"刻竹一道盛于明清,尤于江南地区代有名手。技艺精绝。小舟先生于此道潜心研究,尤有独到造诣。陆羽品茶为其近作精品,于泼墨芭蕉之处理层次分明,丝缕顿挫,令人叹为妙绝,特为拈出以志钦佩。庚寅早秋马伯乐识于听枫园。"

王锡麒题:"小舟刻家铁笔惊世,所作每为藏家珍爱,吴地钟灵毓秀,文风蔚然。此件隽永可喜,宜宝之。七十三叟王锡麒记。"再题"竹艺千秋"。

陆家衡为他写下《次韵和归玄恭题竹五首》:"笔蘸辛酸墨带霖,图成老干与新篁。韩珍亦有思乡念,历却飘洋归我堂。(其一)冻雨寒云春信迟,淇园犹有岁寒姿。君看直节凌云志,都在风欺雪压时。(其二)千尺龙蛇舞碧天,风前雨后有余妍。道人醉倒维摩宝,不梦湘江梦渭川。(其三)疏分枝叶密成丛,画法原由书法工。侧笔中锋随意扫,何须成竹在胸中。(其四)买来颜色似花红,点染春光作画工。惟独山人有奇癖,只研翠墨写寒丛。(其五)乙丑长夏录近作于种玉山房,持平陆家衡。"

还有很多外地书画家题词这里就不一一列举了。

他没有陶醉在赞扬声中,而是清楚自己的不足。他开始搜集前辈作品,以便获得借鉴。一次去嘉定送参展作品,正逢一处拆房,一片断垣残壁。他进入空无一人的厨房,居然发现前辈潘行庸的扇骨遗弃在灶台上。当时欣喜之情无法形容,真可谓"得来全不费工夫"。刻竹之余,拿出来摩挲品赏,与前辈对话,汲取灵感,感知秘要。目前他已集藏一百多件前辈的竹刻作品。

另外,他早就开始收集木雕构件。他认为这些雕件的内容、章法和刀法都能给刻竹带来启示。他最得意的是干将路拆迁时,收集到的木雕构件装了一卡车。这么多年来,他收集了近千件木雕。空闲时细细品赏,觉得刀法与竹刻有

竹刻笔筒鉴赏
倪小舟的《西园雅集》笔筒

很大不同。有几块雕刻极其精彩,他就反复揣摩,融会贯通后就用到刻竹之中,例如《倪小舟竹刻艺术馆》画册刊登的深雕人物摆件,仿佛可看到老房子窗棂上面的木雕影子,透雕《香熏》的构图,刀法则离木雕更近。可见他是个善于汲取其他艺术长处的竹人。

倪小舟目前正处知天命之年,思想成熟、理念清晰、目力上佳、刀法精湛,是出佳作的年龄,我们期待他有更多好作品问世。

(图片由倪小舟授权使用)

技法全面的徐庆全

金西厓在《刻竹小言》中说:"浅浮雕之画稿,余以为非刻者自为之不可。以画景不在同一平面上,也不能一次画成。安得有画家随时在旁,为搦管作稿耶?……三朱、两周及吴鲁珍等刻高浅浮雕,皆极精工,因知其非兼擅绘事,不能胜任也。"后来竹刻的发展吸引了众多不是书画家的人也来刻竹。他们不会起稿,为图省事,一窝蜂刻起留青,就形成了清晚期至今竹刻"平浅单一"的趋势。也有逆流而上的,那就是昆山竹人徐庆全刻的深浮雕笔筒。

他在笔筒上仿刻吴之璠的《东山报捷》。

这是东晋谢安以少胜多战胜苻坚,捷报传来仍不动声色地与人对弈的故事。吴之璠的原作相当精彩,乾隆见了赞不绝口,曾题诗三首加以赞扬。此作品在21世纪被列为故宫一百件国宝之一。仿这样一件精品,难度之大可想而知,但徐庆全做到了。他的作品与吴之璠原作相比有以下特点。

一是章法趋同。吴之璠的原作疏密、动静、深浅、主次等关系处理得非常好。徐庆全仿刻也遵循吴的章法,妥帖安排人物、景物,显示了他的三维空间思维和绘画功底。他根据平面的图片,随刻随画,直至刻成深浮雕。

二是难度增加。吴之璠原作是黄杨木雕,徐庆全用的是竹子。雕刻起来,竹子有丝绺,比黄杨木难多了。他选竹筒刻这一题材,彰显了攻坚克难的勇气。

竹刻笔筒鉴赏
技法全面的徐庆全

《东山报捷》笔筒

三是细腻不输原作。吴之璠的原作所以精彩，在于细节的精雕细刻。谢安运筹帷幄决胜千里，镇定自如的统帅风度，在他从容投下棋子的一刹那显露出来，与之对照的是对弈者的踌躇，举棋不定，观棋者欲言又止的神态。雕刻人物无个性特征易，传神就难。吴之璠以超凡的雕刻技巧，表现出最动人的瞬间。徐庆全对此有较深理解，仿刻注重人物的精神气质，与原作相差无几。松树、山岩、马匹、云层及松针、松皮鳞片等下了很大功夫，进刀细致细腻。深浮雕的"洼隆浅深，可五六层"，徐庆全也做到了。

当然不能说十全十美了，以笔者管见，还有不足之处。

谢安与人对弈，一人观看，这为主景，从人体比例来说，似乎小了些，其实应该大些，稍作夸张。另外，三人周围空间应当疏朗些，仿刻显得局促了。

竹刻笔筒鉴赏
技法全面的徐庆全

仿刻三个仕女开相不美,也太实。吴之璠原作三个仕女身材苗条,都是瓜子脸,五官影影绰绰,虚之,突出了主景三人,焦点引向主角谢安,仿刻这一点有差距。

但毕竟瑕不掩瑜,单就勇于刻深浮雕来说,值得鼓励。徐庆全从摹稿到竹筒上勾绘,再到大开大合雕琢,直至精雕细刻,花费的时间是留青刻的四五倍。耐住寂寞、甘于清贫的精神令人钦佩。

徐庆全还用深浮雕刻《西厢记》笔筒,虽也是仿刻,章法、刀法颇见功力。

人们常说江南人心灵手巧,徐庆全可称得上是典型了。他敢于创作一些别人不敢涉足的题材,比如他创作透雕《夔龙纹香筒》、圆雕《活环提梁瓶》。这两件作品以装饰性见长,难度大,耗时多,稍有不慎,夔龙纹、活环就会刻断。现在它们完美地呈现在人们眼前,光说他"心灵手巧"是不够的,还应加上"心思缜密",运刀"一丝不苟"。

至于留青,他摈弃了花鸟鱼虫等较易内容,在扇骨上刻《石鼓文》。到目前为止,敢于挑战这高难度题材的只有张楫如、张契之、黄山泉、周玉菁和他。

扇骨上刻《石鼓文》难就难在字小如粟,空隙少;难就难在笔画多,转折多弧圆,这给运刀带来极大掣肘,不亲为真不知其中艰辛。但是他花了三个多月时间完成这一难题,如果加上之前的搜集、默读、临写,总共花了一年时间。他还花差不多时间镌刻了《毛公鼎》铭文。

"咬定青山不放松","任尔东西南北风",在浮躁盛行的当下,他的"倔"劲真是难能可贵。

徐庆全,1956年生,昆山周庄人。钟灵毓秀的周庄养育了他,使他充满灵气。雕件只要看一眼,他就能领悟其中门道。这得益于他从小喜欢画画。他初中毕业后曾学过家具木雕。在同时代人中,他特别珍惜时间用来学习。插队时逢到下雨不出工,别人围拢了打牌,他忙着写生、画素描、练字。知青大返

竹刻笔筒鉴赏
技法全面的徐庆全

城,他进昆山制药厂,生活相对安定,仍不懈习画、练字。他开始象牙微刻,后又以竹刻为终身职业,这都源于一次逛文物商店受到的启发,他完全靠自学掌握了这两门技艺。

从事艺术活动,在未成名之前是要靠一定经济实力支撑的。正当他在刻竹路上勤奋跋涉之时,遭遇了企业不景气导致下岗的挫折。断了虽微薄但尚能果腹的月薪,刻竹变得异常艰难。他不光要考虑构图、用刀、题款等,还要筹划柴米油盐酱醋茶。好在他有一位贤内助,与他一起分担了餐炊重担,使他不致中断对各种刀法的钻研和多种样式的探索。如今留青、深浮雕、透雕、圆雕、阴刻等刀法尽在掌控之中;臂搁、扇骨、笔筒等样式的布局,呈现的效果了然于胸。他的技艺越来越娴熟,作品越来越精细,而且富有韵味。为此他于2005年获高级工艺师职称,2007年获"民间工艺家"称号,2009年他的竹刻《周恩来肖像》获苏州工艺美术大赛金奖。另外,象牙微雕得奖次数更多,在此就不介绍了。

(图片由徐庆全授权使用)

竹刻笔筒鉴赏
徐敏的《梅兰竹菊》笔筒

徐敏的《梅兰竹菊》笔筒

这只红木笔筒镶嵌了五块竹片,分别刻梅兰竹菊四君子和落款,由常州著名画家丁竹绘稿。从刀工干净利落和老辣来看,一定不会想到这件作品出自一位女性之手。

《梅兰竹菊》笔筒

竹刻笔筒鉴赏
徐敏的《梅兰竹菊》笔筒

《梅兰竹菊》笔筒

历史上女性刻竹可谓凤毛麟角，有记载的只有清中期的封氏和晚期的韦雅。近现代有张契之（乔锦洪母亲），"70后"有乔瑜、徐敏、赵荣，这里介绍徐敏。

徐敏所刻有"太白遗风"。这"太白"不是李太白，而是太老师白士风之谓。她继承了白老精益求精的精神，梅花花蕊亦用阳刻，丝丝点点甚是醒目；竹丛运刀挺拔刚健、交叉重叠，将竹的风骨表现得淋漓尽致；菊花运刀圆润婀娜，却蕴含张力，显得十分精神。

精美的镶嵌、雅致的内容、精湛的刀工，白老的遗风在徐敏手上得到了延续。

徐敏，1974年生，常州人。她在美校学的是山水油画，嫁到范家，成为范遥青儿媳妇之前，从没接触过竹刻艺术。过门后看到公公伏案不停地在竹上刻啊刻，感到十分好奇。十天半月甚至一个月后，竹上用墨线勾勒的图画，或变成了在竹林漫步的山鸡，或变成了在水草间游动的鱼儿，或变成了含苞待放的

竹刻笔筒鉴赏
徐敏的《梅兰竹菊》笔筒

荷花和蜻蜓……她看到这些花鸟鱼虫，虽没上彩，只是淡淡的黄色，却形象生动，宛如真的一样，感到太神奇了，产生想学这门艺术的念头。只要公公开始工作，她就仔细观察。不多久，如何选料、磨坯、绘稿，直至分层次镌刻，心中有数了。

范遥青儿子不愿学刻竹。范遥青见徐敏兴趣浓厚，就建议她学。徐敏自忖是美校毕业，学起来应该不会太难，一口答应了。为此范遥青与家里所有人约法三章：一、徐敏学徒期初定十年。二、学徒期没有收入，所有人不许有闲言碎语。三、随着时间推移，徐敏要由配角转入主角，负责竹刻所有事务。

徐敏学艺与20世纪二三十年代前辈竹人当学徒偷偷地学完全不同，衣食无忧不说，师傅是自己长辈，没有任何障碍。然而，新鲜感退去，却有三大拦路虎横亘在面前：

一、刻竹要求能静下心，坐得住。而徐敏是外向型性格，喜与人交流，爱热闹。学艺阶段与外界不接触，处于半封闭状态，还真不适应。

二、刻竹须手腕、手指发力，实则全身都要运力。柔弱的她手臂力量不足，身体耐力也不够。几天下来就浑身难受，手臂酸疼，只想打退堂鼓。

三、外界诱惑对她干扰最大。看到闺蜜穿着光鲜靓丽，花钱出手大方，她心中不是滋味。自己各个方面哪也不比闺蜜差，因为学刻竹，目前身无分文。

坚持还是放弃，这样的想法纠结了很长时间，终于有一天她放下刻刀，到一单位当了会计。每月几千元收入，看到中意的时装和心仪的化妆品，再也不必为手头拮据而犯愁了。

干财务与刻竹相比，显然要轻松许多，但是每天与数字打交道、填报表、跑银行，就此与艺术绝缘。学刻竹的苦白吃不算，连先前学的油画亦彻底丢弃，这就是自己要的生活吗？她经常反问自己，时间一长，她会回味学刻竹时全家人的倾力支持，公公不遗余力的传授。遇到疑难，公公言简意赅的点拨，自己豁然开朗的喜悦。最重要的是，自己基本已掌握留青技法，放弃太可惜了。

两年后，她小有积蓄，就义无反顾辞掉了会计，重新拿起了刻刀。这回她

竹刻笔筒鉴赏
徐敏的《梅兰竹菊》笔筒

不再彷徨，决心一条道走到底。

有了刻竹与会计两段经历，她沉稳了许多。三个拦路虎被她一一击败。原先十指纤纤，柔弱无力，经过锻炼，指力、腕力大增，不光留青"游刃有余"，还刻起了"陷地刻"……

她在坚持中成熟，在坚持中上升到新的高度，开始在常州崭露头角。但她并不满足现有的成就，2002年到上海画家村开设工作室，让自己的作品到广阔的市场去接受检验。终于有一天一位藏家相中了她的留青书法臂搁，出8000元收入囊中。

这一价格对她来说，不仅仅是钱的进账，而是代表了社会认可。当时她内心的激动难以形容。

过后范遥青将她的作品带给王世襄看。王老赞不绝口，并写下"徐敏刻竹""八十八叟王世襄题"。

前几年举办全国非遗展，徐敏的作品是常州唯一入选非遗图录的。后来她理所当然成了常州竹刻非遗传承人。

竹刻在常州申遗成功，雕庄街道开始重视，特地将一明代建的祠堂整修，辟为留青传习所，徐敏在那里设工作室，创作、传授，现在轮到她带学生了。

（图片由范遥青授权使用）

竹刻笔筒鉴赏
洪建华的《农家乐》笔筒

洪建华的《农家乐》笔筒

我国虽是农业大国，但绘画艺术中反映农业活动的并不多，直到南宋刘松年画了《耕织图》，才打破了这一寂寞局面。竹刻兴起后，凡有人物的高浮雕、薄地阳文等，都以文人雅士为主角，表现他们的闲情逸致，或以文学名篇为题材。直到晚清才出现佚名竹人的高浮雕《耕织图》笔筒，这也属凤毛麟角。如今一位"70后"继承了这一传统，创作了《农家乐》笔筒，拓展了竹刻的表现力。

《农家乐》笔筒由圆雕、高浮雕、浅刻结合而成，为通景式，连贯画面，是近现代绝无仅有的竹刻佳作，它的作者就是杰出的竹人洪建华。

这件作品把麦收时节的丰收景象刻画得细致入微，从收割、运输、脱粒、扬场到麦子进仓，环环相扣，二十个人左右各司其职，姿态各异。

虽各不相同，有一点是一致的，就是每个人都流露着丰收的喜悦。

饶有趣味的是打麦场边上一小孩哭闹在地，一老农似乎在哄他："快起来，回家用新麦粉烙饼给你吃！"笔者认为这是洪建华的神来之笔，如同画潺潺溪水，必定要在水流中置一石块，造成曲折；写狂草，一路顺笔，必定会有一二处用逆笔，显得崎岖一样，这样安排增加了生活气息。

打麦场上一中年农民执扇抄在后背，这一刻画极其生活化：第一，扇子点明了眼下正是"五月人倍忙"的初夏季节，第二，随时可插在后腰，防止汗流

竹刻笔筒鉴赏
洪建华的《农家乐》笔筒

《农家乐》笔筒

浃背时褂子沾在背部。

　　这一切说明洪建华观察生活之细腻，运筹安排之精到，刻画表达之巧妙。

　　作品中这么多人分成几组，有挑担肩扛，有簸箕扬麦，还有脱粒等，看似不相连缀，其实互相呼应，形散神不散。这显示了洪建华驾驭复杂场面的高超能力。

　　作品刀法颇见功力：竹林剜至五六层，竹、棕榈、松、藤皆挑空而出，雕刻起来唯有小心翼翼，刻断只能前功尽弃。

　　他用圆雕、深浮雕表现人物，云朵、竹、棕榈叶皆用浅刻，深浅结合，运刀自如。

　　人物衣褶高度概括，仅寥寥几刀是为简；竹、棕榈叶、松针、麦穗、瓦片

竹刻笔筒鉴赏
洪建华的《农家乐》笔筒

甚至编织成的箩筐,都一一交代,毫不含糊是为繁。简繁相照,画面既有深度,又有广度。

除了用竹子刻了几件《农家乐》,他还用紫檀刻了这一题材。

相较于众多一窝蜂刻留青,只会照着别人画稿刻的新竹人来说,洪建华勇于挑战高难度,专拣难的刻,就显得鹤立鸡群了。

洪建华,1971年生,号徽洪,安徽省黄山市人。

黄山市古称徽州,历来文风兴盛,家家信奉"万般皆下品,唯有读书高",曾出了不少文人学者。

徽州人又善经商,因有读书底子,皆按儒家道德准则行事,或称为"儒商"。他们致富后就在家乡大兴土木,建高大恢宏的徽派院落,并用砖石木雕装饰其间,所以"三雕"风行,加上陈设的竹雕器物,徽州简直就是一个雕刻博物馆。洪建华从小生活在这样的环境中。他的老家,一个叫"洪坑"的小山村,竟然出了十八位进士及十七位举人,立了五座牌坊。洪家祠堂的砖石木雕精美绝伦,对他的视觉冲击日积月累,激发了他的雕刻天赋。小学时,其他同学游戏玩耍,他会在竹筷上或捡来的竹根上仿雕喜鹊、牛、羊甚至狮子,虽然稚嫩,却像模像样。懂行的老人说他能抓住形。他深知自己爱好雕刻,难以改弦易辙,所以16岁初中毕业,进了徽州区木雕家具工艺厂,拜著名艺人王金生为师,学习徽派竹木雕。

王金生师从汪叙伦,汪师从李祥顺,李师从李希乔,师承关系一直可追溯到李流芳,直至朱松邻。李流芳原籍徽州,流寓嘉定,才成为嘉定竹刻的代表人物,朱松邻亦"世本新安(即徽州),自宋建炎移居华亭,又六世而东涉,遂为嘉定人"。朱松邻本是书画家,属新安派无疑。因此嘉定竹刻的发生、发展受新安画派的影响不可低估。由此看来,洪建华学艺学到了根上,学在了源头。

王金生师傅见洪建华悟性特强,就倾其所有传授,洪建华虚怀若谷,认真学。他平时不停琢磨一些细节,比如弈者执棋的手指该怎么表现,文人雅士沉

竹刻笔筒鉴赏
洪建华的《农家乐》笔筒

思该是什么状态等。有时入了迷，工友们都以为他走火入魔了……不多久他就掌握了所有技法，开始仿刻明清佳作。

还有一个因素至关重要，那就是王世襄理论上的引领。虽然初始他并没直接听到王老的教诲、点拨，但王老通过著作引领他在正确轨道上前行。

那时他还在厂里上班。王老1980年出版的《竹刻艺术》辗转来到他上班所在地一个小镇的书摊上。摊主开价18元，相当于他大半月工资。以当时物价来说很贵。但他还是咬牙买了下来。从此他把此书奉为圭臬，王老的一些经典观点，他背得滚瓜烂熟。日后的创作他会遵照这些观点付诸实践中去。

直到2006年他才得以谒见王老。王老评价他的作品"胜过当代多数竹人"，语重心长希望他效法"前人中登峰造极之辈"，多看顾珏、吴鲁珍、朱小松夺人心魄的作品，所谓取法乎上，仅得其中，要广为借鉴，如攻圆雕当多看古代雕刻塑像等。如攻浅刻、留青、深刻、透雕当多看绘画及名家作品；加强学识修养，以期"百尺竿头，更进一步"。

洪建华把王老的教诲铭记在心上，指导自己竹刻实践。与之前相比，之后的作品乡土特色更浓郁，文化意蕴更深厚，技法更精湛细腻，如《徽乡行》《松鹤延年》《农家乐》等。

努力终于有了回报。故宫博物院收藏了他的《竹林七贤》笔筒，这是该院成立以来收藏的唯一的现代竹刻作品。专家刘静赞道："洪建华的竹刻已达到清初鼎盛时期的水平。"

国家顶级博物馆的破例，引发了众多博物馆跟进。《农家乐》笔筒被农业博物馆收藏，《松鹤延年》笔筒被工艺美术馆收藏，《徽乡行》四条屏被工艺馆有偿收藏，《和谐》笔筒被"扬帆奥运"组委会收藏；央视播出了以他为主角的教育片《竹刻的制作》，接着安徽卫视、上海东方卫视、央视二套以及香港、澳门等电视台也报道了他的竹刻艺术，至于纸媒报道更是不计其数，特别是家乡报纸——《黄山日报》《新安晚报》直至省报《安徽日报》，多角度、全方位对他进行多次报道。

竹刻笔筒鉴赏
洪建华的《农家乐》笔筒

　　归结起来洪建华的成功是由雕刻天赋、徽派传统竹木雕艺术的滋养、王世襄的理论引领以及他本人善于抓住一切机遇，这四方面决定的。

　　洪建华是年轻竹人中最幸运的一位，占尽天时地利人和之便。首先，他技艺学成，正逢改革开放，打破了以往一切禁锢，氛围日益宽松，使他在仿古、复古时，不必像上辈竹人担心会受到批判，这是天时。其次，他所在的家乡山水灵秀、建筑恢宏，砖木石雕不计其数，给他以启迪、借鉴和灵感，这是地利。再次，当他小有成就，各路记者竞相采访、报道他，各级领导在繁忙的政务中关注他，为他申报国务院特殊津贴；拨地让他建博物馆；黄山学院艺术系聘他为客座教授，安徽非遗研究中心聘他为客座研究员，这是人和。

　　洪建华是位多产的竹人，许多作品以仿古为主，吸收了传统徽派竹刻的特点，场面宏大却井然有序，人物众多而不失生动多姿。雕刻深浅结合，层次分明，纵深感及立体感兼具。因其功力深厚，不惧繁复，章法布局往往有出人意料之奇。目前他正值年富力强，希望他仿古之外，多创作一些现代作品。

（图片由洪建华授权使用）

竹刻笔筒鉴赏
无款《仕女图》笔筒

无款《仕女图》笔筒

这是笔者见到最精美的仕女雕刻，窃以为可从形态、神态和细节三方面来欣赏。

一是形态优美。

仕女发绾云髻高耸，脸似鹅蛋，柳眉凤眼，鼻直悬胆，嘴呈樱桃，蜂腰肩削。现虽取坐姿，倘来到跟前，定是亭亭玉立，袅娜娉婷，"翩若惊鸿，矫若游龙……皎若太阳升朝霞……灼若芙蕖出渌波"；增一分太长，减一分太短，添一分太肥，缩一分太瘦，且气质华贵，端庄贤淑，是大家闺秀的范儿。

形态优美说明作者绘画功力不凡，善于将中国美女的优点集中到所描绘的对象身上。

二是神态专注。

《仕女图》笔筒

竹刻笔筒鉴赏
无款《仕女图》笔筒

仕女左手微蜷，抵住下颌，右手欲取笔，作思索状；双眼出神，似在寻章觅句。专心致志、心无旁骛的神态不禁使人联想起班婕妤、李清照和管道升等才女在创作诗词时的情形。看来作者与这样的才女接触较多，观察非常细致，否则不可能将她表现得这么传神。

三是细节精致。

人物造型合乎尺度，各部位比例准确，采用"薄地阳文"刻成，"用坚实而润泽之表层肌肤"刻出起伏凹凸。但作者并不满足于大的效果，而在细节刻画上下足功夫。比如双手，十指纤纤如削葱根，或作取笔状，或微曲托下巴，指缝运刀爽利干净，手显得生动自然，对人物精神状态起到"画龙点睛"的作用；再如衣褶，粗细深浅贴切流畅，极具质感；丝绦缀衣，飘带缠绕更增添几分灵动的气息；石案四周略作皴刻，上面的水盂、笔砚、羽扇、花瓶等，作者一一刻画，很好地烘托了人物的性格、行为乃至内心思想情感。人物背景省略，一概铲去，至"朴质可见竹丝之素地"。由此可见这是一件设计成熟、构图上佳、运刀精湛、造型自然生动的作品。

中国自古以来就有塑造优美女性的传统。《诗经》《离骚》以及汉乐府、唐诗、宋词、明清小说中这种描绘俯拾即是。绘画产生以来，专门有仕女画独立于其他画种之外。雕刻兴起后，仕女作为重要题材，屡被艺人选中。从广义上理解，这可以看成是作者对美好事物的向往或对爱情的追求。竹刻属雕刻类，很多竹人创作也会将仕女作为选项之一，因此留下了不少夺人眼球的作品，包括这一无款仕女像。

无款，无法得知作者情况，只能猜测他是一位学养深厚、书画功底扎实、特别擅长刻仕女的竹人；或者是擅长画仕女的画家，偶然即兴刻一件笔筒自娱。

（图片由"集宝"授权使用）

竹刻笔筒鉴赏
无款《梅花》笔筒

无款《梅花》笔筒

梅花历来为中国人所推崇，多少人咏之、绘之，留下无数名篇佳作，又有多少艺人利用各种材质施雕行刻，创作了大量艺术珍品。现介绍竹刻《梅花》笔筒。

笔筒取近根部一段雕成梅桩，枝干虬曲折蟠，缠绕其上。梅花或含苞欲放，或半开未开，清丽雅逸，令人不禁想起林逋"疏影横斜水清浅，暗香浮动月黄昏"的词句来。怎样欣赏这件作品？笔者归纳有三点。

一是章法佳。

"密不容针，疏可走马"是篆刻的黄金法则，但这件作品也借用了这一法则，枝干密处不惜交叉、重叠、穿插，疏处则横斜两三枝。疏密得当这在章法上就拔得了头筹。至于虚实对比更是突出，枝干扭曲、瘿节丛生及花苞中花蕊刻画得惟妙惟肖，而作为背景的梅桩表面则虚化，随形"略刮磨之"。两相对照，主次分明，层次凸显。

二是刀工好。

这件作品采用浅浮雕、深浮雕、圆雕、透雕多种刀法，将梅桩上迸发的枝干、梅花雕得栩栩如生。令人叫绝的是某些部位的枝干、枝梢脱离背景而挑出，这就需要小心翼翼将它背后掏空。为了打破呆板平铺，作者用遮掩压叠手法，让枝干交叉穿插，又让若干枝梢"爬墙"。不要小看这一细节，这样匠心

竹刻笔筒鉴赏

无款《梅花》笔筒

《梅花》笔筒

独运,作品徒增了不少趣味。对材质本身的缺陷,作者巧妙加以利用,深挖成梅桩的瘿节疤痕,"化腐朽为神奇"。底部一卷虬根,劲健苍老,凸现岁月磨洗的痕迹,使作品厚重沉稳。

三是合标准。

千百年来人们品梅尝梅,逐渐形成了共识:梅树贵老不贵嫩,贵瘦不贵肥;梅花贵稀不贵繁,贵合不贵开。从笔筒所雕梅桩、枝干及梅花分布、少盛放的情况来看,显然作者深谙此道,确实做到了"老瘦稀合",符合品梅尝梅的标准。

这件作品意境高雅,气韵生动,笔墨情趣淋漓尽致,为清中期的一件精品,风格与封锡禄相近。故宫旧藏无款竹根《蟠松洗》和《翠竹络纬图》笔筒

竹刻笔筒鉴赏
无款《梅花》笔筒

与这件应该合为"梅松竹"一套。像这样既有审美价值，又有实用价值的竹刻作品为最高统治者收藏，记录了竹刻艺术鼎盛期的辉煌。可惜没款，可能是与封锡禄同时征召入造办处的竹刻高手，或者是封锡禄的作品也未可知。

（图片由"集宝"授权使用）

竹刻笔筒鉴赏
无款《李清照庭院填词图》笔筒

无款《李清照庭院填词图》笔筒

由朱小松引领，清初至中期的许多竹人以文学名篇或名人为题材，创作了不少书卷气浓郁的作品，为艺坛留下了众多佳作。无款《李清照庭院填词图》笔筒就是其中一件。

题目便决定了该作品不同于一般仕女作品。

一般仕女作品，竹人着力刻画女性的妩媚、倩丽，但大都浅显，这显然不符合李清照的气质；也不同于专题作品，例如《二乔读书图》中的大小乔、《洛神赋》中的宓妃。她们更多的是美艳惊人、婀娜多姿，才情不是她们的强项。李清照是大家闺秀中的顶尖人物，是巾帼豪杰，好比花中牡丹、禽中凤凰，有着超凡气质。

作者对她的特质拿捏得十分准确。且看：高绾的发髻下是饱满的天庭，似里面汹涌奔腾着典丽清新的辞藻，随时脱颖而出；笔挺的鼻梁两旁是一双聪慧睿智的眼睛，观察景物之细超乎寻常；朱唇一点，显露的是敏感、坚毅。左手抚桌，十指纤纤秀气柔美；右手虽拢在袖中，可想见与左手一样。届时出手，落笔滔滔龙蛇走，珠落玉盘代代传，新意迭出的词句就在笔底流淌。

作者对李清照形象塑造突出的是秀雅，神态刻画着重的是专注沉思。

仔细审视画面，李清照目光凝视处，仿佛又出现了溪亭日暮时分，"争渡、争渡，惊起一滩鸥鹭"；她微侧的身影，犹如"东篱把酒黄昏后"，觉得

竹刻笔筒鉴赏

无款《李清照庭院填词图》笔筒

"薄雾浓云愁永昼,瑞脑销金兽……帘卷西风,人比黄花瘦",马上会在笺纸上写下心声;紧蹙的双眉,"梧桐更兼细雨",或许"寻寻觅觅,冷冷清清,凄凄惨惨戚戚,乍暖还寒时节,最难将息……这次第,怎一个,愁字了得",正是她此刻的心情。

李清照(1084—1151?),女,号易安居士,济南人,出身书香门第。父李格非是一位学者,夫赵明诚是金石学家。李清照除与丈夫一起研究金石学,突出的成就就是填词。她的词清新婉约,被后人称为婉约派主将。她还能

《李清照庭院填词图》笔筒

画,曾尝试绘白居易的《琵琶行》图。清代莫是龙藏有她的墨竹和书法作品,苏州顾家过云楼亦藏有她的《墨竹图》。

李清照婚后生活幸福,不时有新词诞生,记录她欢快的心情。夫妇俩热衷金石,夫唱妇随,十分融洽。可惜好景不长,金兵入侵中原,康王南渡,李清照夫妇随大量难民逃难。一路目睹哀鸿遍野、尸横道途的悲惨景象。后丈夫病逝,她又遭人诬陷。再嫁,遇人不淑,被骗光了家中所有金石藏品。晚年孤单凄凉。

国破家亡,一连串的打击,使她的思想感情发生了重大变化。反映在词作上,前期欢快清新,后期沉郁悲痛,著有《漱玉集》及《金石录后序》等。

笔筒上表现的李清照和撷取的场景当在南渡之后。

笔筒有以下特色。

一是树旁奇石折拙的轮廓和长方形案桌的直线,与人物外形、飘带的弧线形成对照。飘带柔美,雕刻特别精彩。线条刚柔相济,避免单一。

竹刻笔筒鉴赏
无款《李清照庭院填词图》笔筒

二是梧桐枝叶的繁茂和松针的密集，与人物周围的疏朗形成对照。疏密结合，构图呈和谐之美。

三是树干、草丛、人物采用深浮雕，脸部开相、衣褶、叶片筋脉、云朵则用浅刻，两相对照，深浅映衬，层次分明。

从整体看，笔筒文人气息浓厚。画面简约、凝练、概括，韵味无限，雕刻精绝，刀法自然，不失为上乘之作。

笔筒无款，作者情况无从得知。上博研究员施远在《竹镂文心》序论中指出："直到乾隆朝前期，除嘉定一隅之外，竹刻技艺在文人中并不普及。这一局面从乾隆朝后期开始发生了巨大的变化，嘉定地方以外的江浙一带，涌现了一大批精于刻竹的文人镌刻家。他们的出身多种多样，或为诸生，或为官宦，或为僧道，却多能雕刻竹材，立身竹人之列，其中不乏集传统经学、金石、书画、辞章、考据、收藏研究于一身的学者型竹人。"

笔者认为作者就是一位擅长书画的学者型竹人，了解李清照的身世，同情她的遭遇，特别喜爱她的词，用现代话来说，是李清照的"粉丝"，于是在笔筒上为她雕刻倩影，以期表达"粉"情。

该笔筒曾为香港著名作家董桥收藏，包浆滋润醇厚，应该是董桥先生长期摩挲把玩的结果。

（图片由"集宝"授权使用）

竹刻笔筒鉴赏
无款《松下高士图》笔筒

无款《松下高士图》笔筒

出世隐居是一部分失意文人的理想生活。当个人抱负无法实现，才华无法施展，比如科考不第，或官场黑暗不愿同流合污，就会厌倦失望，产生遁世的想法。诗歌、散文直至绘画成了这些人抒发感情的最好载体。竹刻兴起后，一些失意文人闲暇开始刻竹，寄情言志，于是表现远离庙堂、寄情山林、松下品茗、泉旁抚琴、竹林弈棋成了竹刻的内容。这类作品大多趣味高雅，雕工精湛，对隐居生活作了理想化展现。无款《松下高士图》笔筒就是这样的作品。

该笔筒章法、雕工有如下特点。

一是虚与实结合。

茅屋琴室作为主景，布置颇费心思。既有罗汉床、枕头，又置琴桌，桌上放古琴、香炉和花插，仿佛主人随时可能端坐桌前抚琴奏曲……门口松树两棵苍劲，屋后修竹繁茂，高士伫立松旁，昂首远望。这些都是写实。场景转换，一大片山石只有寥寥几刀作皴。竹影摇曳中两童子煮水烹茶。影影绰绰，山石间泉水隐约，这是虚写。虚实结合，以虚衬实，主次分明，将茅屋琴室主人的身份和周围环境一一呈现。

二是深与浅结合。

理想中隐居生活是怎么回事？无非是抚琴轻拢慢捻，赋诗浅唱低吟，饲鹤放飞招归，相聚品茗饮酒。作者为表现此种生活，采用深浅浮雕结合，刻出所

竹刻笔筒鉴赏

无款《松下高士图》笔筒

《松下高士图》笔筒

需场景。其中最突出的是茅屋内开掘至深，深到能架床置琴桌，而不见局促，不能不佩服作者的匠心。未见其他竹人有这般处理。松树枝干、松针、飞鹤及主人则用浅浮雕表现，竹林用深浮雕；扇火童用浅浮雕，端茶童用深浮雕。画面前中后景由浅到深层层深入，松竹繁茂、山谷幽静的意境通过深与浅结合，很好表现出来了。

三是动与静结合。

一动一静或静中有动、动中有静是此类作品成功的关键。唯有动静结合，隐居生活才不死气沉沉。《松下高士图》做到了这点，松下高士昂首伫立琴室门口，看似静态，实则正与天上仙鹤互动，呼唤它们归来。仙鹤振翅降落，取动态；山石巍峨，为静态；泉水潺潺，为动态。动静映照，使画面情趣盎然，意境深邃。通过这样的刻画，清幽的环境和高雅、清奇、超逸的隐士跃然鲜活。

竹刻笔筒鉴赏

无款《松下高士图》笔筒

笔筒无款，不知作者何许人也。以笔者陋见，猜测作者或许是落第秀才，心灰意懒之后，憧憬隐居生活，就运用自己的想象力创作了这作品；或许是有个文人阅读了许多描写隐居生活的文学作品，心向往之，将它形象化表现出来；或许是某位擅刻竹的文人探访隐居友人归来，感到有必要将友人的生活记录下来，于是刻了这笔筒。

从章法的疏密有度、主次分明及雕刻深浅对比强烈来看，《松下高士图》笔筒不愧为清初的一件佳作。

（图片由"爱涛"授权使用）

竹刻笔筒鉴赏
无款透雕《钟馗击磬》笔筒

无款透雕《钟馗击磬》笔筒

现再介绍一件无款的透雕《钟馗击磬》笔筒。

钟馗相传为唐初人士,才华横溢,学识渊博。武德年间科考名列前茅,本应及第跻身仕林,因相貌奇丑,被主考否定,愤懑而死,死后决心剪除天下妖孽。至开元年间,玄宗李隆基患病,一日夜里忽梦见大小二鬼,小鬼红衫跛足,偷了玄宗的香囊玉笛逃走;大鬼系一魁伟壮汉,隆鼻环眼,虬髯满面,戴幞着袍蹬靴,追捉小鬼,折拆而食。玄宗大惊,问其姓氏,壮汉道出当年遭遇,死后以捉尽天下妖鬼为己任……玄宗叹息说朕封你为赐福将军。醒后病痊愈,命画家吴道之绘其形象。

从此便有张贴钟馗像可以避鬼祛邪的说法。历代艺术家将他形象绘之、刻之,百姓悬之、奉之,祈求平安。

有好事者还衍生出《钟馗嫁妹》故事,将他知恩图报的另一面展示出来。

这件笔筒上的钟馗形象与传说中的描绘相符,环眼圆睁,嘴唇紧闭,络腮胡须像钢针一样伸展,神情专注,一本正经,似乎在祈祷。身后站一童仆在窃笑,好像觉得主人的模样滑稽。两人一庄一谐,寓庄于谐,形神兼备,使作品神采粲然。由吴道子所绘作范本,后人画钟馗基本都沿袭了这一形象。钟馗或仗剑直指一两个猥琐丑陋的小鬼,或将小鬼撕扯,啖之。而本文介绍的无名作者,别出心裁,塑造的钟馗一反常态,在击磬做法事,一来显示了他不落俗套

竹刻笔筒鉴赏
无款透雕《钟馗击磬》笔筒

的巧思,二来可看出他祈求"世间无鬼"的愿望。

这件作品的与众不同在于用透雕。松树与人物近乎圆雕,比起深浮雕,形象更突出,背景有了纵深感。具体而言,人物刀法简练,衣褶线条都用直线,山石粗犷寥寥几刀。与之对比的是松针的细密;松杆蟠曲遒劲,遮掩压迭,用刀雄浑老辣,呈现竹肌"坚实而润泽之表层",互为映照的是倾斜的坡地"可见竹丝之素地"。

从章法上看,人物一坐一立,一壮硕,一瘦小,对比强烈,主次分明。

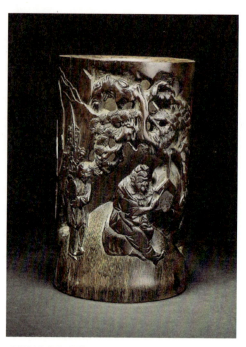

《钟馗击磬》笔筒

松树倒挂而下,枝叶密布,空隙处全部剔凿穿透。这样运刀难度比深浅浮雕要大多了,稍有不慎,松针叶或是人物容易缺损。

整体看,疏密得当,人、景物的安排别具一格,不失为明末的一件佳作。

可惜没有落款,作者情况一无所知。笔者只能猜测他是一位职业画家,善画人物。他擅长归纳,用笔洗练,能抓住特征,做到以神写形,传神为上。偶然即兴刻件笔筒自娱,即把他绘画方面的特点流露无遗。

(图片由"集宝"授权使用)

竹刻笔筒鉴赏
清溪山人的《赤壁夜游图》笔筒

清溪山人的《赤壁夜游图》笔筒

嘉定竹刻之花在朱氏祖孙及后来众多竹人辛勤浇灌下,越开越艳丽。即使是朝代更迭的血雨腥风,也无法将它摧残。一俟风和雨细,照样竞相绽放。赵昕《竹笔尊赋》曰:"疁城以竹刻名……镂法原本朱三松氏。朱去今未百年,争相模拟,资给衣馔,遂与物产并著。"

当然也不尽是资给衣馔的竹人。一些生活富足的文人,受教育程度高,工书画,刻竹纯粹为了寄托情思,抒发感情,自娱自乐。

现介绍清溪山人的作品《赤壁夜游图》笔筒。

《赤壁夜游图》根据苏东坡的《赤壁赋》而来。

苏东坡(1037—1101),字子瞻,号东坡,宋嘉祐年间进士,曾宰杭州、密州、徐州。因反对王安石的新法,作诗"谤讪朝廷"获罪,所谓"乌台诗案"而贬谪黄州。曾秋冬两游近郊赤壁(史称非三国赤壁之战发生地。或许东坡知情,只是假以托寄抒怀而已),作前后《赤壁赋》。"赋"文字优美流畅,铿锵富有节奏,情景理交融,恣肆纵横,具有极强的感染力,成为千古美文之一。历代画家、雕刻家纷纷以《前赤壁赋》为题进行创作。竹刻兴起,赤壁夜游、赤壁泛舟等更是频频被植入笔筒、臂搁中。很多竹人往往用特写手法将苏东坡、佛印等诸人刻出,当作人物画来处理,再配之以小船行进在湍急江水中,背景为危崖峭壁、古树参差。这样人物形象各异、可信,缺憾的

竹刻笔筒鉴赏
清溪山人的《赤壁夜游图》笔筒

《赤壁夜游图》笔筒拓片

是"赋"中"月出于东山之上,徘徊于斗牛之间。白露横江,水光接天。纵一苇之所如,凌万顷之茫然"的意境难以表现。再说,这样刻画失之直露,不含蓄,有"图解原文"之嫌。

清溪山人的高明就在于以下几点:

一是以山水画的形式来表现"赋"的意境,几位人物以写意手法塑造。虽五官不见,但东坡处逆境仍怡然自得的神态清晰可见,以写"神"为上。

港汊一片,小舟一叶,赤壁夜游即将启航,"纵一苇之所如,凌万顷之茫然。浩浩乎如冯虚御风,而不知其所止;飘飘乎如遗世独立,羽化而登仙"的感慨要摇出港汊,来到江边才会产生。清溪山人所表现的是前奏,是序曲。

相较有些赤壁夜游的笔筒,画面逼仄,不免给人以肤浅感觉。

清溪山人将"赋"刻成山水画,王世襄评说:"画景虽无大江峭壁气势,

竹刻笔筒鉴赏
清溪山人的《赤壁夜游图》笔筒

而境地清幽使人生置身其间之想。"更重要的是，它营造的广阔天地，象征东坡遭贬谪后仍襟怀宽广；水面寥廓平静，喻示东坡不计个人得失，心如止水；山石嵯峨，隐射他日后仕途仍将险阻重重；近岸芦荻，两侧山石高柳、远景古松杂树，暗喻"夫天地之间，物各有主，苟非吾之所有，虽一毫而莫取。惟江上之清风，与山间之明月，耳得之而为声，目遇之而成色；取之无禁，用之不竭"的哲理。总之，以环境衬托，苏东坡不以物喜、不以己悲的旷达性格得到充分展现。

二是从章法看，清溪山人也胜人一筹。他用的是外紧内松，山岩、巉石、柳树、松树、芦苇布满四周，中心疏朗，苏东坡等几位处于中心位置，既突出了"以人为本"，又层次分明，加强了纵深感。

三是笔筒由浅浮雕刻成，最具特色的是大块山岩仅在外轮廓处雕刻，勾勒数刀以示皴笔。其他如芦苇、柳松树，甚至苔点，运刀或阴或阳，或剔或凸，各得其所，和谐地形成一个清幽、雅逸的空间。落款则阴刻。

还有几件风格刀工、画意字迹，特别是某些景物非常相似，署款为"松溪"或"少谷"的作品，王世襄评几件作品中此件最精。

至今不知清溪山人是何许人也。香港收藏家叶义先生据《兰亭集》笔筒风格推断此笔筒诞生于19世纪，盖诸件刻法基本相同，凡山石、树木多在竹材表面着刀，屋宇、舟船、人物等则凿去四周而刻成浮雕。众所周知，清前期以降，高浮雕日趋低而薄。浅浮雕正是清中期的流行刻法。这批山水竹刻符合清中期的时代风格。再看题识，行楷笔不连转，颇为工整，和嘉庆时期的邓渭（云樵）、王恒（梅邻）等所刻近似，也是清中期的面貌。

关于艺术成就，王世襄认为清溪山人"是一位有相当成就的竹人，在清中期他应当占有一席之地"。

故宫博物院竹木牙角研究员刘静认为清溪山人恐怕是一个创作群体。

笔者赞同这一观点，认为清溪山人是嘉定一个书画家群体，书画既精，又擅竹刻。他们家境富裕，受到良好教育，有坚实的传统文化功底，无意于仕

竹刻笔筒鉴赏
清溪山人的《赤壁夜游图》笔筒

途,所以作品呈现脱俗超尘气质。他们常聚集品茗、斟酌,交流切磋,兴之所至,或自绘画稿,或互为对方绘稿,或合作绘一幅画稿。但他们求即兴畅快,不愿留名于世,题款时,约定写个号,应付了事,地方志也不曾记录下一丝信息,造成后人无法知晓他们的生平业绩。

(图片由邕盦授权使用)

竹刻笔筒鉴赏
杨君康的《双杰会》笔筒

杨君康的《双杰会》笔筒

一位前辈曾说:"艺术贵在创新。"这一至理名言自我20岁开始刻竹,一直萦绕在我脑海里。但如何创新,是个颇值得思考的问题,直到改革开放才有了明晰的想法。

王世襄说:"清前期竹人继承了明代的刻法,同时又有创新,故刻法大备。"在此种情况下,再要像吴之璠、张希黄在技法上创新已不可能,唯有继承传统技法,在内容上创新,才是正道。

又因众多新竹人一窝蜂刻留青,我决定刻深浮雕,以示与众不同。

前辈竹人给我们留下了无数《竹林七贤图》《赤壁泛舟图》《兰亭集》等文人雅集的笔筒,这是他们思想感情的流露。此类题材虽然经典,毕竟年代久远,而且被前辈竹人反复刻过。我不愿再去"炒冷饭",亦步亦趋。

何不把目光转向现代?

身处21世纪的我,始终对20世纪30年代徐悲鸿不顾酷暑,屈尊去拜访尚未成名的傅抱石一事怀有钦佩之情。徐悲鸿的博大胸怀和爱才惜才的伯乐精神让我崇敬有加。遗憾的是这一事实鲜有人作为艺术创作的题材。我觉得若将这段佳话刻在笔筒上,丝毫不会逊色于《竹林七贤图》《兰亭集》笔筒。

1931年夏,徐悲鸿应友之邀,去庐山度假写生,途经南昌,下榻江西裕民银行大旅社。裕民银行行长廖兴仁是傅抱石至交,见大画家莅临,顿觉机会千

竹刻笔筒鉴赏
杨君康的《双杰会》笔筒

《双杰会》笔筒

载难逢,就将傅抱石引荐给徐。交谈中,徐感觉傅对艺术有独特见解,所呈绘画、篆刻作品清新刚健,是个不可多得的人才。只是南昌当时太闭塞,不利于傅的成长发展。徐思考着如何帮傅摆脱目前的困境。

几天后,徐在廖叔侄陪同下,回访傅。我撷取徐与傅握手一刹那作为要表现的核心场景。

徐建议傅出国留学,并为之奔波。徐写信向当时江西省高官熊式辉推荐傅。熊式辉与徐有一面之交,深知徐的分量,应允资助,就拨一千五百大洋。为答谢熊,徐赠《奔马图》一幅,傅用鸡血石、铜章为其治印。

傅抱石安顿好家小,于1932年赴东瀛学习美术工艺。后陈立夫又拨款一千大洋资助傅深造。傅抱石投到金原省吾教授门下,学习美术史、美术理论,从川崎小虎、小林巢居学日本画,从清水多嘉学雕塑……

竹刻笔筒鉴赏
杨君康的《双杰会》笔筒

学成回国,他应徐悲鸿之邀,到中央大学任教。其间著述颇丰,有《中国绘画理论》《论秦汉诸美术与西方之关系》《中国文人画概论》等一系列著作。抗战爆发,他又到郭沫若任厅长的第三厅从事抗日宣传。当时广为流传的"地无分南北东西,人无分男女老幼,一致团结起来抗战"就出自他的手笔。

傅抱石日后首创"抱石皴",成为誉满寰宇的国画大家,天赋超凡,勤奋是首要条件;徐悲鸿沧海识珠,鼎力相助是关键。如果傅抱石与徐悲鸿不曾相遇,得不到深造,也许只能一直默默无闻,成不了画坛大师,很可能像黄秋园那样,直到去世后才被发现。所以徐悲鸿发掘人才,居功至伟。

我将核心场景安排在傅的岳父家的院中(傅婚后寄居于此)。

塑造徐、傅两人的形象,我让他们都穿长衫(这是20世纪30年代知识分子的通用服装),徐稍侧,风神洒脱,一副大艺术家派头,深情凝视着傅;傅气质不凡,正面欣喜地伸手示意徐坐下;罗时慧边沏茶边回眸望着贵宾。廖季登夏衣打扮立徐旁,廖兴仁端茶去给门外喂驴饮水的车夫。

创作《双杰会》笔筒,我做到了三结合。

一、真实与虚拟结合。徐与傅相会,廖氏叔侄及傅夫人在场,这是生活的真实,一个也不能少。这与《赤壁泛舟图》《竹林七贤图》笔筒中,必有一二童仆煮茗、侍奉一样,烘托、陪衬是不能少的。

艺术作品中必须隐喻前因后果,讲究条理清晰。我表现的是徐上门回访,于是虚拟了一个车夫和一架驴车,暗示当时南昌落后,没有公交,他们是坐驴车而来。这样彰显了作品的生活化、趣味性。

二、深与浅结合。作品中人物、桌、凳、树、驴车等都用深浮雕,衣褶、树叶等用浅刻。为加强景深,用透雕来表现花窗。刻画五官,我没用阴刻线条,而是用浮雕来凸现脸部的高低起伏,使之饱满,富有立体感。

三、密与疏结合。构思之初我有意安排核心场景为密,之外为疏,这样聚焦"双杰",突出主题,达到了"宽可走马,密不容针"的境界。

竹筒背面墙我用阴刻法刻下后记:"一九三一年夏,徐悲鸿去庐山经洪

竹刻笔筒鉴赏

杨君康的《双杰会》笔筒

都,下榻裕民银行旅社。银行家廖兴仁叔侄引傅抱石拜见徐,翌日徐回访。余撷取回访一瞬,用嘉定古法刻成,记录画坛双杰相会。戊子仲秋君康刻。"篆印"杨"。

从构思、绘稿到雕刻完成,我花了半年时间。为检验作品是否成功,我请国家级工艺大师、著名国画家张晓飞点评。他首先肯定了我的原创精神,他说许多新竹人不会画画,请画家绘稿,难免受制于人,能自己构思、绘稿,最后刻成,这才是继承了明清诸多竹人的传统。他从构图、人物造型等方面进行了分析,总的来说成功大于不足。他特别指出两棵梧桐造型呆板,对作品气韵生动有一定影响。大师肺腑之言使我受益良多,以后我若是再创作就可避免此类问题。

过后,我又用薄地阳文刻创作了《造化为师——傅抱石》《徐悲鸿在嘉陵江边》《王元章荷塘写生》等笔筒。

参考书目及图片出处

《竹刻鉴赏》，王世襄，文物出版社，1997

《刻竹小言》，金西厓，中国人民大学出版社，2010

《竹人录》，金元钰

《竹人续录》，褚德彝，1936

《中国美术家人名辞典》，俞剑华，上海人民美术出版社，1981

《中国民间美术艺人志》，钱定一，人民美术出版社，1987

《竹镂文心》，上海博物馆，上海书画出版社，2012

《艺林散叶》，郑逸梅，中华书局，1982

《王威竹刻艺术集》，嘉定区文广局，2014

《倪小舟竹刻艺术馆画册》，周晨，北京中艺公司

《刻意江南·传承匠心》，苏州工艺美术博物馆，古吴轩出版社，2016

《嘉定竹刻》，嘉定竹刻编委会，2006

《文房雅玩》，苏州吴门拍卖有限公司，2016

《郑板桥集》，郑板桥，中华书局，1962

《藏扇笔谈》，包铭新，上海科学技术出版社，2001

《明德瓷杂文玩专场图录》，爱涛拍卖，2015

《辞海》，上海辞书出版社，2009

《大学语文》，徐中玉，华东师范大学出版社，1987

《唐宋词选注》，唐圭璋等，北京出版社，1982

竹刻笔筒鉴赏
后 记

后　记

《竹刻扇骨鉴赏》出版后受到业内和雅好扇子人士的赞誉。好几位友人劝我继续写，自己也感到意犹未尽，于是在2015年开始撰写此书。历经两年，以鉴赏为纲，介绍五十多个各具特色的笔筒。

我尽可能将各个时期具有代表性的竹人作品进行介绍，相较于明、清、民国及现今几千位知名或不知名的竹人来说，书中涉及的几十位竹人仅是沧海一粟。就这样，我也费了九牛二虎之力，根本原因在于以前漠视对手艺人立传，有关资料少得可怜。

写作上我仍沿用上一书的手法，由作品艺术剖析转而介绍作者生平事迹，并尽可能简略介绍一下涉及的相关人物。

书涉及竹刻的发生、发展、兴盛到衰落：从深浮雕到浅浮雕，演变到"平浅单一"，不啻写一部竹刻史。好在前辈的《刻竹小言》犹如明灯高悬眼前，使我不至迷茫。

写此书深感有三易三难。

一是嘉定籍竹人易写，非嘉定籍者难写。

嘉定的竹人（包括寓居）大都被收进《竹人录》。该书记叙虽简，但多少能透露些信息，因此写起来心中有底。反之，其他籍的竹刻家几乎一点信息也没有。如尚勋，留青刻成就很高，但笔记、随笔、杂闻之类书籍几乎没有他的一字半句，所以连里籍都不知道，遑论生平事迹了。遇到这种情况，只能在作品剖析上多下些功夫。

竹刻笔筒鉴赏
后记

二是多重身份的竹人易写,单一身份者难写。

有些竹人本来是学者、书画家、篆刻家等,刻竹只是兴趣爱好。这些人除了《竹人录》有记载,方志、笔记、随笔也会介绍,只要找到,综合概括还是容易的。比如潘西凤,除了刻竹,还兼篆刻、书法,交往又广,记述他的文字相对较多。以刻竹为生的竹人,仅仅只有《竹人录》中的几十字,没有其他记载,写起来颇费脑筋。

三是兴盛期的竹人易写,衰退期者难写。

兴盛期竹人作品多,水平高,随便挑一件便可成为代表作来介绍,洋洋洒洒写出一大篇文章。而衰退期竹人,因环境时局影响,无心创作,作品较少,水平也不如以前,写起来就较难。比如潘行庸功底深厚,技术全面,被称为旧时代最后一位大师,但大半生处于乱世,作品不多,《嘉定竹刻》大型画册只好拿他在竹杯、竹枝上浅刻的山水画来凑数,显然不能反映他的真实水平。我总感到没能全面反映出他的艺术成就。

历史上女性竹人极少。我本想多写几位女竹人,但经联系,南京赵荣、无锡乔瑜都不刻笔筒,所以现在书中只有张契之及徐敏两位女竹人。

写作过程中,常州范遥青先生给了我极大帮助。他不光寄来了白士凤先生的资料,还将十分难得的周汉生先生的资料提供给我。

另外,乔锦洪、张泰中、倪小舟、徐庆全、姜晋几位都不吝提供资料,特别是张泰中将他珍藏的竹刻画册供我参考。没有以上几位鼎力相助,此书是难以完成的,在此一一表示感谢。

近年来国家重视知识产权保护,为本书的图片使用得到授权,我花费了大半年的时间奔波联系。在此感谢上海博物馆、南京博物院、宁波博物馆和广东民间工艺博物馆让我免费使用有关图片,特别感谢上海博物馆施远老师的鼎力相助,此外还要感谢故宫博物院的帮助。

最后要衷心感谢出版家沈庆年先生,他倾注了大量心血使此书顺利出版。